DU DESCHAUX

(JURA)

PAR

ULYSSE DÉJEUX

Juge de Paix du canton de Rochefort-sur-Nenon (Jura)
Ancien Clerc de Notaire au Deschaux
Adhérent à la Société des Gens de Lettres

Connaître mieux son pays,
c'est l'aimer davantage.

DOLE

Paul AUDEBERT, Éditeur

43, Rue des Arènes, 43

1910

HISTOIRE DU DESCHAUX

HISTOIRE
DU DESCHAUX

(JURA)

PAR

ULYSSE DÉJEUX

Juge de Paix du canton de Rochefort-sur-Nenon (Jura)
Ancien Clerc de Notaire au Deschaux
Adhérent à la Société des Gens de Lettres

Connaître mieux son pays,
c'est l'aimer davantage.

DOLE
PAUL AUDEBERT, ÉDITEUR
43, Rue des Arènes, 43

1910

AVERTISSEMENT

Les lignes qui vont suivre ne visent à aucune prétention littéraire ou savante. Mon seul souci a été d'essayer de réunir sommairement et de condenser dans cette étude tout ce qui pouvait se rapporter à l'origine de notre commune, à sa situation et à sa marche, depuis sa création jusqu'à nos jours. Beaucoup de lacunes, sans doute, lorsqu'il faut remonter et se diriger dans la nuit des temps. Mais enfin, à défaut d'autre mérite, cette étude aura au moins celui de la vérité, car tous les faits y énoncés sont appuyés par des preuves résultant de documents officiels irréfutables puisés, soit aux archives municipales ou départementales, soit ailleurs, ou basées sur des témoignages multiples et contrôlés, de personnes dignes de foi.

Mes remerciements à ces dernières pour la bonne grâce qu'elles ont apportée à me donner satisfaction pour les points sur lesquels elles étaient à même de me documenter.

Si j'ai pu intéresser quelque peu le lecteur, ce sera ma récompense.

Ulysse DÉJEUX.

Le Deschaux, août 1908.

HISTOIRE DU DESCHAUX

PREMIÈRE PARTIE

Topographie. — Nature du sol. — Productions.
Institutions actuelles

TOPOGRAPHIE

Le Deschaux, seule commune de ce nom en France, est située sur la route départementale n° 1 de Dole à Lons-le-Saunier, ou plus exactement de Lons-le-Saunier à Paris, — ancienne route royale, dont le tracé, comme on le verra plus loin, contribua beaucoup pour l'érection de notre village à la place qu'il occupe actuellement. La distance judiciaire du Deschaux est : au chef-lieu de canton 7 kil.; à l'arrondissement 16 kil. ; au département 36 kil.

Le Deschaux est une commune du canton de Chaussin, de l'arrondissement de Dole, du département du Jura. Elle appartenait au moment de la Révolution à la province de Franche-Comté, au bailliage et au district de Dole.

Au point de vue religieux, le Deschaux faisait partie jusqu'en 1847, date de la construction de l'église, de la paroisse de Villers-Robert. Les groupements des Granges du Deschaux, de Lioutre et des Noues dont il est parlé ci-après dépendaient aussi originairement de la même paroisse.

La population actuelle du Deschaux est de 856 habitants, d'après le recensement de 1906. Après une augmentation progressive rapide de sa population à partir de 1790, qui atteignit en 1856 le chiffre 1130, notre commune a vu le nombre de ses habitants diminuer au profit de villages voisins mieux dotés sous le rapport du bien-être et des aisances qui exercent une sorte d'attraction sur les habitants des communes déshéritées. A une certaine époque, comme on le verra plus loin, le Deschaux possédait : la poste, qui existe encore ; le siège de la brigade de gendarmerie ; un huissier, le garde-général des eaux et forêts, un médecin ; toutes choses ou institutions qui créent un transit ou roulement d'affaires au profit du pays où elles résident. Les lignes de chemin de fer ouvertes dans toutes les directions mais à une certaine distance de nous, et les marchés hebdomadaires créés dans les pays voisins ont grandement contribué à la diminution de notre population, et par suite, de sa richesse. La poste nous reste encore actuellement avec le télégraphe et le téléphone ajoutés pendant ces dernières années ; mais la gendarmerie nous fut enlevée vers 1868 pour passer à Chaussin, chef-lieu de canton ; l'huissier a pris le même chemin ; le garde-général, d'abord à Villers-Robert, — après avoir résidé environ 35 ans au Deschaux, est parti en 1893 habiter le chef-lieu de canton. Cet exode fut causé en grande partie par l'absence, au Deschaux, des moyens de transport rapide, le chemin de fer notamment, ce défaut de communications faciles et promptes étant, dans l'état actuel de notre temps, un vice primordial.

Je reviendrai d'ailleurs sur cette question, comme conclusion à cette étude, et démontrerai que le principal souci de ceux qui ont en mains la direction des intérêts généraux d'une collectivité, d'une commune, doit être de ne négliger aucune occasion leur permettant de maintenir, et d'attirer même dans leur pays des habitants qui, en y apportant leur travail ou leur industrie, y apportent en même temps la richesse et la prospérité.

Le territoire du Deschaux est borné : au nord, par les territoires de Rahon et Villers-Robert ; au midi par ceux de Gatey, Chêne-Bernard et Tassenières ; au levant par ceux de Villers-Robert et Tassenières ; et au couchant par ceux de Rahon, Balaiseaux et Gatey.

La commune est desservie par plusieurs stations de chemin de fer P.-L.M-. ; la plus usitée est celle de Chaussin, formant pour nous une tête de ligne pour les directions de Lons-le-Saunier ou Saint-Jean-de-Losne, Chagny ou Dole ; cette station est à 7 kil. du Deschaux ; ensuite, celle de Pleure, à 5 kil., sur la ligne de Lons-le-Saunier à Saint-Jean-de-Losne ; puis celles de : Parcey à 8 kil., Souvans à 6 kil., et Mont-sous-Vaudrey à 9 kil., — toutes situées sur la ligne P.-L.-M., de Dole à Poligny. Un courrier en voiture fait le service des dépêches et colis-postaux du bureau de poste du Deschaux à Chaussin, matin et soir ; il emporte aussi les voyageurs.

Le chemin de grande communication n° 11 de Montbarrey à Chaussin passe par le territoire du Deschaux.

Le chemin de grande communication n° 8, du Deschaux à Bellevesvres, traverse également une partie de notre territoire.

Puis, comme chemins d'importance moindre, on rencontre ceux allant : à la Fragnausse, hameau de Gâtey ; de la Fragnausse aux Granges ; des Granges au Petit-Deschaux ; des Vernolets à Villers-Robert ; du centre du Deschaux à la mare Oudot et au bois des Noues ; la rue du miracle, qui prend naissance vers l'église, descend et longe la prairie pour regagner la grande route avant d'arriver au pont du Deschaux ; le chemin des Mares, qui va de l'église au hameau dit le Carrouge.

Le Deschaux est à 47° 5' 40" de latitude Nord et à 3° 10' 6" de longitude Est du méridien de Paris.

La carte de l'Etat-major porte comme altitude au-dessus du niveau de la mer 226 m. au centre du Deschaux, 224 m. au bois des Genêtres, et 207 m. au moulin du Deschaux.

La superficie du territoire de cette communne est de 856 hectares, dont 568 hectares de terres labourables, 106 hectares de prés et pâtures, 84 hectares de bois, 27 hectares, et le surplus, en terrains communaux, jardins et vergers.

Le revenu foncier, d'après l'imposition, s'élève à 12.729 fr. pour les propriétés bâties, et à 18.270 fr. pour celles non bâties.

NATURE DU SOL

La composition du sol du territoire est à peu près uniforme sur toute son étendue ; à la surface, on découvre une première couche de terre arable, mi-calcaire ou chaux, et mi-argileuse, ou marne, d'une nature assez fertile, et ce, sur une épaisseur variant de 0 m. 30 à 0 m. 80 centimètres ; immédiatement au-dessous de cette première couche cultivable, se trouve, sur une plus grande épaisseur qui oscille entre 2 et 5 mètres, une couche de limon argileux jaunâtre, dépourvu de chaux, dans lequel se trouve une grande quantité de grains de fer et de quartz (ce qu'on appelle ici machefer), et qui permettent de considérer ces alluvions comme provenant de la destruction superficielle de roches cristallines. Puis on arrive, enfin, à la couche argileuse, la plus forte, puisqu'elle atteint 15 et 20 mètres d'épaisseur dans maints endroits avant qu'on ne découvre les sables et les graviers ou galets. Cette terre (argile) à l'aspect blanchâtre, cendré légèrement, est humide, fraîche et compacte ; le grain en est fin, et se prête très bien à l'emploi qui en est fait dans la région pour la fabrication, notamment : à Villers-Robert, de la tuile et des briques, à l'usine de M. Monamy ; à Tassenières, chez M. Gabriel Pierre, pour la poterie de différentes variétés, et chez M. Dumont, aussi pour la tuile et les briques. Des sondages opérés au Deschaux à ces profondeurs il y a une dizaine d'années dans une propriété située au lieudit la Pommeraie, et le forage de puits dans plusieurs endroits de la commune, ont permis de constater la structure du sol telle qu'elle est sommairement donnée ci-devant.

Dans la période de formation de notre planète, la région dont fait partie le territoire du Deschaux devait être recouverte d'eau ; à la suite des éruptions et bouleversements successifs de l'écorce terrestre, cette masse d'eau fut déplacée, créant par-ci une vallée, — tout près de nous celle de l'Orain, — laissant par-là des nappes d'eau distantes les unes des autres que de quelques centaines de mètres ou même moins ; des monticules, ou aspérités naturelles, étaient créés par les déplacements des terrains qui ont obéi aux mouvements et aux convulsions intérieures du sol à cette période de tassement. Lorsque l'on se penche sur la carte d'Etat-major, en jetant les yeux sur la région du Deschaux et des environs, on est étonné du nombre considérable d'accidents de terrain en dépression, ayant formé d'abord des marais sans aucune interruption, puis ensuite des étangs très nombreux et bien distincts.

Tout le centre de notre village porte au cadastre comme désignation de lieudit le nom Les Mares ; comme la plupart des lieuxdits, cette appellation a dû être tirée de l'état et de la situation du lieu.

L'écorce terrestre étant devenue définitivement tranquille et stable — relativement, — car de temps à autre, on nous signale des tremblements de terre ou des éruptions volcaniques tantôt sur un point, tantôt sur un autre de la terre, rappelons-nous le désastre récent de notre colonie de la Martinique, — commença la période des alluvions. En ce qui concerne notre région, par suite de l'apparition des bois et des plantes croissant à l'humidité, les roseaux, joncs et herbes diverses, ces masses d'eau et étangs se réduisirent peu à peu ; et plus tard, quand apparut l'homme dans notre région, il dirigea, fit disparaître ou asservit ces eaux en les cultivant pour l'élevage du poisson pêché périodiquement et livré au commerce. Aujourd'hui, la plupart de ces étangs, par suite de l'application des lois sur l'hygiène, ont disparu du voisinage des agglomérations d'habitants, ils ne sont plus tolérés qu'à de certaines distances. Cette réglementation des étangs a fait cesser, en partie, l'humidité qui originairement enveloppait notre région ; le climat qui devait être primitivement assez malsain, s'est amélioré et assaini ; l'air est purifié par le voisinage des bois qui entourent la région du Deschaux de tous côtés encore actuellement.

Comme forêts entourant le Deschaux on trouve : côté nord, les bois du Deschaux ; côté nord-est et est, les bois des communes de Rahon, Nevy-les-Dole, Souvans, Mont-sous-Vaudrey, Villers-Robert et Seligney ; côté midi, les bois des Noues (à M. de Vaulchier), ceux des communes de Tassenières, Chêne-Bernard, Saint-Baraing, Gâtey, Long-wy (partie à M. de Vaulchier) ; et côté ouest ou couchant, les bois de Longwy et Balaiseaux. Il existe encore dans le village même, le bois des Chênes, ou des Genêtres (11 hectares 99 a. 50 c.) et à proximité du village un bois appelé le bois des Vernes. Il y a moins de 50 ans, on trouvait encore des bois aux lieuxdits Etang Bifricot ou Coupe à Fricot, et à la Coudre ; ces endroits sont situés entre la propriété de M. de Vaulchier et le chemin qui mène à Pleure actuellement.

L'HABITATION

Les maisons du Deschaux étaient presque toutes construites en bois et briques crues et couvertes en paille, il y a trois quarts de siècle ; aujourd'hui sauf quelques rares exceptions, elles sont toutes construites en pierre et couvertes à tuile. Les habitations comprennent généralement une cuisine, qui sert en même temps de salle à manger l'été, une autre pièce dite « poële » où, l'hiver, on fait la cuisine, où l'on prend les repas, et même où l'on couche ; puis une ou deux autres pièces pour le reste la famille. Peu de maisons sont pourvues de caves; généralement, une chambre exposée au nord en fait l'office.

PRODUCTIONS AGRICOLES ET AUTRES

Le Deschaux produit des céréales de toute nature ; on y récolte : le blé, le seigle, l'orge, l'avoine, le maïs, le sarrasin, et des plantes potagères et fourragères ; la culture du chanvre a totalement disparu ; par contre, on commence à planter de la vigne qui mûrit très bien, mais en donnant la préférence aux plants dits « américains » ou porte-greffes, sur lesquels les multiples et invisibles ennemis de cette divine plante n'ont pas ou que très peu de prise.

La culture des champs est menée d'une façon très rationnelle, le cultivateur étant bien au courant des engrais réclamés par ses terres ; cependant, — qu'il me soit permis un mot ici, peut être hors de mon rôle, mais justifié, et qui ne vient pas de moi seul, — quoique bien renseigné sur la valeur et la qualité des engrais employés surtout pour la fumure des prés et même des terres, on se demande pourquoi le cultivateur laisse, pour la plupart, se perdre à l'air ou dans les fossés, le purin des étables et des fumiers, alors qu'une fosse facile à établir recueillerait ce liquide si fertilisant pour le répandre une ou deux fois annuellement dans les prés et les terres ; la dépense serait bientôt compensée, n'étant plus ou beaucoup moins tenu de se procurer des voitures de cendres naturelles amenées à grands frais de Grozon ou d'ailleurs. Le cultivateur s'est attaché avec confiance à l'emploi des engrais chimiques dont l'effet n'est pas toujours certain ; on ne comprend pas son dédain pour le purin si riche en principes fertilisants. La fosse à purin est l'accessoire indispensable d'une bonne ferme, son emploi a fait ses preuves ; quelques fosses existent déjà au Deschaux.

Le cultivateur soigne bien son bétail, il aime à le voir beau et bien portant ; et pourtant, à quelques rares exceptions près, il ne conduit pas ses sujets aux comices annuels du canton, ce qui lui procurerait, en même temps que bien souvent des récompenses et des profits, une émulation et des bons conseils sur les races nouvelles et les sélections à observer pour leurs améliorations. On trouve comme bétail ici : le bœuf, qui sert de principale bête de trait, le cheval, la vache, et quelques têtes de mouton dans chaque écurie. Ce qui surtout a été d'un bon rapport depuis environ deux années, c'est sans conteste l'élevage des truies pour la production des petits cochons, et l'élevage du porc pour l'engraissement. Malheureusement ces genres d'élevage subissent très souvent des cours de baisse aussi rapides que ceux de hausse.

L'emploi des machines agricoles tend de plus en plus à se généraliser ; on utilise beaucoup la faucheuse pour les foins, regains, prairies artificielles, et même pour les moissons. Le battage a lieu presque partout actuellement au moyen de machines à vapeur pour le service desquelles les intéressés s'associent pour s'aider mutuellement.

En dehors des cultivateurs proprement dits s'adonnant au travail de la terre, se trouvent les « manœuvres » ou ouvriers se louant à la journée, pour des prix variant selon les saisons ; pour les foins ou les moissons, le prix de la journée est actuellement de 3 fr. ; en même temps, chaque manœuvre cultive son petit coin de terre ; l'hiver, il travaille au bois comme bucheron, ou bien confectionne pour la vente, des balais de bouleau, ce qui lui permet de nourrir sa famille en attendant les beaux jours. Souvent même, il a une ou deux vaches dont le lait est porté à la laiterie, et qui lui est payé mensuellement. Depuis 1871, et pendant une trentaine d'années, le producteur de lait le portait à « la fruitière » pour être mis en commun et converti en fromage de gruyère par le « fruitier » ; chacun selon son apport de lait avait son tour de fromage et de beurre ; le fromage une fois à maturité, était vendu au nom de la société représentée par ses gérants, et le prix réparti à chaque sociétaire selon son lait fourni. Je dirai en passant que depuis 1871 jusqu'à 1883, le local servant de fruitière était loué de particuliers ; en 1883, la société fromagère acheta la maison où se tenait « la fruitière » moyennant 5.100 fr., des consorts Cour ; puis, le 15 novembre 1890, la commune du Deschaux devenait elle-même propriétaire de l'immeuble qu'elle mettait gratuitement à la disposition de la société fromagère. Des réparations importantes ont été faites en 1893, notamment la mise à tuile de la couverture du bâtiment ; dans une partie de la cour a été installée en 1894 une bascule communale ou poids public. Par suite de la mévente des fromages, les fournisseurs de lait ont cessé la fruitière en commun, préférant vendre leur lait à un négociant ou laitier sans avoir à craindre l'aléa des fluctuations des cours. Cependant ce dernier système ne donne peut être pas tout ce que l'on était en droit d'espérer, puisque des communes voisines, Tassenières notamment, après avoir usé pendant longtemps de la fromagerie ou fruitière, puis de la laiterie, sont revenues au premier procédé, la « fruitière » en commun.

En dehors des fourrages artificiels tels que le trèfle, la luzerne dont la culture est assez rare, les vesces, on récolte beaucoup d'herbes naturelles. Dans les chaintes ou chaintres, ou prés bâtards, c'est à dire confinant les terres

labourables et ne faisant pas partie des « prairies » proprement dites, on récolte, sauf rare exception, un foin de
qualité plutôt inférieure. Dans la prairie située dans la
vallée de l'Orain, croît, sauf aux endroits bas et marécageux, un foin de première qualité très réputé sous le nom
de « foin de prairie » ; la récolte en est faite annuellement
à partir du 24 juin ou Saint-Jean, époque avant laquelle
la coutume ou usage des lieux interdit à tout propriétaire
l'exploitation de sa récolte ; une deuxième récolte d'herbes
appelée « regains » a lieu à une époque qui varie entre fin-
août et mi-septembre ; cette année 1908, les regains ont
commencé de très bonne heure, vers le 15 août, contrai-
rement à une ancienne coutume qui interdisait de couper
les secondes herbes de prairie avant le premier septembre, coutume à peu près tombée en désuétude. Après l'en-
lèvement des regains, la prairie est livrée au pâturage
général du bétail de la commune.

LE PATURAGE. LA VAINE PATURE

Le pâturage hors prairie est limité sur notre territoire
par suite de l'application de la loi de 1889 sur la « Vaine
pâture ». L'effet de cette loi aurait pu être modifié si, dans
les délais accordés complémentairement aux municipalités
pour en tempérer la rigueur et les conséquences imprévues
au moment de son vote, nos édiles n'avaient négligé de
prendre les mesures nécessaires. Quoi qu'il en soit, la
vaine pâture demeure interdite au Deschaux ; en fait, elle
s'exerce à peu près partout par suite de l'esprit de tolérance
réciproque qui anime la majeure partie des propriétaires
terriens du Deschaux. Anciennement, le pâturage était ré-

glementé par le Conseil de la commune ; ce dernier décidait, le 23 pluviose an XI de la République (1803) :

« Que nul individu de la commune ne pourra mettre à
» la pâture et dans les champs ouverts plus d'une brebis
» et son suivant, seulement jusqu'au 1ᵉʳ fructidor (août) ;
» passé ce temps il ne pourra en tenir qu'une par per-
» sonne ; il est également défendu à tout propriétaire de
» porcs d'en envoyer soit à la pâture vaine, ou vaine pais-
» sons, plus d'un porc pour une personne, l'âge du porc
» est fixé à 6 mois pour être compté à faire part pour
» deux personnes ; et ceux de moins de 6 mois seront
» réglés à dire d'experts pour valoir ceux de 6 mois.

» Les moutons ne pourront champoyer que les parties
» en terre labourable non close, en sommard jusqu'à la
» récolte, et après la récolte ils n'entreront dans les chaumes
» qu'après l'expiration des jours laissés aux glaneurs ».

La ligne séparative des territoires des communes de Villers-Robert et de Rahon d'un côté, et de celui de la commune du Deschaux de l'autre côté, est formée sur presque toute son étendue par la jolie petite rivière l'Orain, qui prend sa source dans les monts de Poligny pour aller mêler ses eaux calmes à celles du Doubs à quelques centaines de mètres de Longwy-sur-le-Doubs. Périodiquement, au printemps surtout et à l'automne, l'Orain sort de son lit pour arroser et fertiliser les prairies qui la bordent, épandant sans compter les engrais qui lui ont été apportés de terrains en culture lavés et ravinés à la suite des pluies. Malheureusement, ces débordements ne sont pas toujours opportuns, et trop souvent, le cultivateur a pu, le cœur triste, voir l'Orain grossir subitement à la suite de pluies prolongées au moment de la récolte, salir de son limon si utile à une autre époque, et emporter même au fil du courant devenu rapide, foins ou regains prêts à récolter.

LA PÊCHE. LA CHASSE. POISSON ET GIBIER

Aux bienfaits que l'Orain procure à l'agriculture par son irrigation naturelle, quelquefois intempestive mais toujours fertilisante, s'ajoutent encore d'autres qualités bien agréables et très appréciées par les amis de la nature et des saines distractions. Car cette gentille rivière, aux méandres capricieux et aux bords fleuris cachés sous les vieux saules, recèle une grande variété d'habitants. On trouve dans l'Orain, depuis la carpe aux flancs dorés en quantité, la perche, la tanche, l'anguille aussi en quantité, le brochet, la lotte, le chevesne ou cabotin ou encore cabot, la vandoise ou terrasson, le gardon ou rousse en grande quantité, la brême mais petite, jusqu'au barbeau, et même de la truitelle ; cependant, la petite truite, qui vient du Doubs ne remonte guère plus loin que le pont de Rahon, dit le Pont-Rouge ; vers 1875, on pêchait encore l'écrevisse dans l'Orain au Deschaux, mais elle a totalement disparu depuis. On trouve aussi l'ablette, le goujon, qui tend à disparaître, le véron ; la grenouille devient rare.

Depuis quelques années, on a pu constater tant au Deschaux que partout ailleurs, une augmentation toujours croissante du nombre des pêcheurs tant à la ligne qu'aux filets, — augmentation dont on doit se féliciter, la pêche étant un sport autant récréatif que moral ; mais par suite des procédés illicites employés par certains pêcheurs peu soucieux de l'avenir, pour la pêche pendant les trois ou

quatre dernières années de sécheresse qui se sont succédées
(outils non réglementaires, emploi des barques permettant par « la bourre », de déloger le poisson de ses refuges
les mieux cachés), le poisson a, de son côté suivi une pro-
gression rapide mais toute contraire. De l'avis de tous,
l'Orain se dépeuple, sauf peut être pour la carpe et l'anguille, deux espèces dont la capture est, on le sait, très
difficile. D'autre part, l'organisation de certains barrages,
et l'existence des moulins à turbines échelonnés sur l'Orain,
empêchent le poisson du Doubs de remonter le cours de
notre rivière qui ne se repeuple plus que par ses propres
moyens, sauf lors des très grandes inondations. Un seul
moyen apparaît qui puisse, je crois, parer au dépeuple-
ment; le voici en quelques mots. Le droit de pêche
appartient aux riverains de l'Orain ; il s'agit tout simplement de louer à ces propriétaires riverains leur droit de
pêche, en leur laissant la faculté de pêcher gratuitement ;
mais la société — composée de tous les pêcheurs sérieux,
plus on sera, mieux vaudra, — qui deviendrait amodia-
taire du droit de pêche, exercerait la police d'une façon
autrement sérieuse qu'elle ne se pratique actuellement ;
plus d'engins qui n'ont pas « la maille », suppression absolue des barques partout ailleurs qu'à la distance légale
des moulins, ainsi que des sennes, tramails et éperviers ;
enfin, empoissonnement périodique de certaines espèces,
telles que perches, tanches, carpes ; n'autoriser que « la
ligne », « les verveux », et les « cordes de nuit » qui ne
détruisent que le gros poisson. Ainsi faisant, je prédis que
d'ici 4 ou 5 ans, on pourra prendre du poisson à la ligne
en se distrayant, sinon la destruction complète du poisson
de l'Orain dans la région qui nous intéresse n'est plus

qu'une question de temps très limité. Une société s'est fondée dans les mêmes conditions à Champagnole, englobant cinq rivières non navigables ni flottables. Et l'on prend du poisson. Mais, comme en toute chose, le tout est de vouloir ; et la volonté n'est pas encore agissante chez plusieurs pêcheurs auxquels j'ai exposé ma manière de voir.

Je pense n'être pas le seul à envisager la situation de la pêche comme je viens de le dire. Et ils sont bien rares ceux qui, comme le fait l'un de mes amis, se consolent de ne pouvoir avec succès taquiner le goujon en taquinant la Muse. Laissez-moi vous donner ici quelques rimes qui lui ont été inspirées pendant les longs instants de loisir à la pêche ; je serai bref, tant pour ne pas vous ennuyer que pour ne pas mettre trop longtemps à l'épreuve la modestie de cet ami.

Après avoir parlé des beautés de la prairie au moment de la récolte des foins, il continue ainsi :

> Chargé d'un panier, d'un bidon,
> C'est l'heure où, armé de ma ligne
> J'arrive à l'Orain grave et digne,
> Pour y taquiner le goujon.
>
> Je m'installe auprès des vieux ponts
> Selon ma très vieille habitude,
> Aimant autant la solitude
> Que le grand aigle aime les monts.
>
> Les yeux fixés sur le bouchon
> Humant du matin la rosée,
> L'âme tranquille et reposée,
> J'attends l'attaque du goujon.

Mais, montrant un réel dégoût,
Le fripon fait fi de l'amorce ;
On dirait vraiment qu'il s'efforce
De ne plus rien manger du tout.

Souvent je ne vois qu'un rat d'eau
Venant railler ma patience ;
Ridant l'onde, il nage en silence,
En biais coupant le fil de l'eau.

. . . .

Quoi de plus gai que le ruisseau
Aux bords fleuris où l'eau clapote,
Où la lavandière tapote
En faisant moirer sa belle eau ?

Est-il un concert plus charmant
Que celui d'une douce brise,
Dans les peupliers qu'elle irise,
Bien mollement les animant ?

L'oiseau est l'habile ténor
Dont le talent jamais ne lasse ;
Du clocher voisin vient la basse
Pour harmoniser ce décor !

. . . .

J'aime la pêche et son attrait
Malgré mon indomptable guigne,
Autant qu'un vigneron sa vigne,
Que le bûcheron sa forêt.

. . . .

Mais voici le déclin du jour,
Il faut à l'Orain qui gazouille
Dire : « au revoir », et la « bredouille »
M'accompagne à chaque retour.

J'emporte un solide appétit
A défaut de belle friture,
Narguant du « troquet » la mixture
De ses flacons, grands ou petits.

. . . .

Et le pêcheur malheureux continue encore longtemps
sur ce ton. Mais j'arrête ici mes citations, et n'abuserai
pas plus longtemps de votre bonne volonté.

Je tiens à signaler ici aux propriétaires riverains de
l'Orain un fait que j'ai remarqué très souvent depuis 10
ans que j'arpente, ligne en mains, les bords de cette rivière. Les bords des prés dénudés, c'est à dire privés de
tout arbre, saule ou autre, se désagrègent facilement en
temps de « crue », la rivière les « mange », pour employer
l'expression du pays, alors que souvent le pré du riverain
d'en face, mieux défendu par les puissantes racines qui le
bordent, s'élargit et rejette la rivière. Que tout le monde,
donc, emplante sa rive d'arbres, de saules, surtout, qui
aiment l'humidité, la rivière demeurera plus sage, se creu-
sant un lit plus profond, mais respectant beaucoup plus
les « langues de pré » qu'elle engloutit par endroits sans
jamais les rendre.

Puisque je viens de parler du poisson, parlons du gibier
Sur notre territoire, on trouve principalement : le lièvre,
la perdrix, la caille, mais cette dernière faiblement; on
rencontre le merle, la grive, la bécasse, surtout au pas-

sage de mars, le ramier, l'alouette ; quelques couples de chevreuils et du sanglier et une grande variété d'oiseaux des bois et d'eau, depuis le canard sauvage, la bécassine et le râle jusqu'au vanneau et à l'étourneau ; ce dernier, toutefois n'est plus classé comme gibier.

LES ARBRES. LES FRUITS. LES BOIS
INDUSTRIE DES SABOTS

Le territoire du Deschaux produit des fruits : pommes, poires en quantité, cerises, noix ; les années d'abondance, les pommes et les poires dont la garde ou la vente deviennent difficiles, sont portées au pressoir pour en tirer du cidre qui sera la boisson du ménage pendant une partie de l'hiver ; on en distille aussi, avec les prunes, pour faire de l'eau-de-vie.

Les bois qui servent au chauffage, ou employés comme bois de service, comprennent à peu près toutes les variétés d'essences communes à nos régions : le chêne, le hêtre ou foyard, la charmille, le frêne, le bouleau, le tremble, le meursaulx, l'aune ou verne, le peuplier, le saule ; les six dernières espèces, particulièrement le bouleau, le saule et la verne, sont très employées dans la fabrication des sabots. Cette industrie est assez importante ici ; un syndicat de sabotiers s'est constitué l'année dernière au Deschaux ; son but est de maintenir les prix des sabots à un tarif uniforme permettant aux artisans sabotiers de supporter plus facilement la hausse des prix des bois, j'ajoute aux frais et au grand mécontentement des personnes usant de cette chaussure.

LES FOIRES. LES MARCHÉS

Actuellement, le Deschaux possède cinq foires annuelles :
6 janvier, 18 mars, 3 mai, lundi qui suit le 9 septembre
(fête patronale) et 17 novembre ; les deux plus importantes
sont celles de mars et novembre. Les premières foires
furent créées ensuite d'une délibération du Conseil général
de la commune du 20 août 1793, prise en ces termes :

« Considérant que les privilèges sont détruits, et qu'aux
» termes de la Constitution il est permis de faire tout ce
» qui ne blesse pas l'égalité ou le droit des gens, qu'il est
» permis à tous citoyens de s'assembler paisiblement et
» sans armes. En conséquence le Conseil général de la
» municipalité du Deschaux a délibéré d'établir 4 foires
» par année dans le territoire du village du Deschaux,
» sçavoir : la première se tiendra le 18 mars, la seconde
» le 15 juillet, la troisième le 9 septembre et la quatrième
» le 15 novembre. La première qui s'y tiendra arrivera le
» 9 septembre prochain. Ledit Conseil général déclare
» nulle la promulgation des foires ci-dessus citées
» lesquelles sont été publié par un seul particulier de
» Lioutre, hameau dépendant du Deschaux, lieu ou s'est
» tenue le 15 juillet dernier la foire qui devait avoir lieu
» au Deschaux et non à Lioutre, et que l'individu qui
» l'avait fait promulguer n'était pas pourvu de délibération
» du Conseil général. Nous délibérons donc qu'il se tien-
» dra à l'avenir quatre foires dans le village du Deschaux
» proprement dit près du chêne de la liberté comme étant
» le chef-lieu et le lieu central de la commune ».

Par la suite une nouvelle foire, celle du 3 mai a été
ajoutée ; la foire de juillet n'est plus en usage.

C'est au marché de Pleure, à 5 kilomètres du Deschaux, que nos ménagères portent vendre leurs œufs, leurs beurres et leurs volailles ; il existe un marché toutes les semaines.

LA PERCEPTION

La perception du Deschaux n'a été établie ici qu'à une date relativement récente. Jusqu'en 1820, la commune dépendait de la perception de Rahon ; à partir de cette date et jusque vers 1834, elle fut rattachée à la perception de Tassenières, pour devenir depuis le siège de ladite perception.

LA POSTE — LE TÉLÉGRAPHE — LE TÉLÉPHONE

Depuis le 1ᵉʳ avril 1826, date de la création du bureau de poste au Deschaux, le transport des dépêches se faisait au moyen des diligences, qui furent remplacées ensuite par courrier à pied, puis en voiture actuellement par la gare de Chaussin. Avant 1870, les dépêches venaient par Mont-sous-Vaudrey. Le premier receveur des postes au Deschaux se nommait Olivier.

En 1894, le télégraphe fut installé au bureau de poste du Deschaux, et en 1907 fut créée une cabine téléphonique publique.

Actuellement le service de la poste est assuré par une receveuse, Mˡˡᵉ Vauchez, et trois facteurs, MM. Chèvre Edmond, Poty Albert et Laurent Louis, desservant les communes du Deschaux, Villers-Robert, Séligney, Tassenières, Bretenières, Chêne-Bernard, Pleure, la Chaînéedes-Coupis, et les hameaux du Petit-Seligney, commune de Villers-les-Bois, et de la Fragnausse, commune de Gatey. Il y a moins d'une trentaine d'années, les communes de Nevy-les-Dole et des Essards étaient aussi comprises dans ce même service.

Par suite de l'augmentation croissante des affaires et des opérations nombreuses et diverses confiées au service de la poste, de nouveaux bureaux de poste ont été créés dans le rayon voisin ; il est très probable qu'incessamment des bureaux de facteurs-receveurs seront installés à Pleure et à Tassenières, ce qui diminuera notablement l'importance de notre bureau de poste (1).

L'AFFOUAGE

La répartition de l'affouage communal se fait actuellement par feu ou chef de ménage, au tirage au sort ; les futaies sont vendues aux enchères et le prix réparti au profit des affouagistes, d'après le nombre arrêté au tableau dressé annuellement le 1er octobre précédant l'exploitation. Plusieurs modes de répartition sont laissés au choix des municipalités. Dans certaines communes, le partage a lieu par tête ; dans d'autres — et ce procédé serait peut-être le plus juste pour nous s'il n'était inapplicable par suite du peu d'importance des coupes, — le partage se fait

(1) Un bureau de facteur-receveur fonctionne depuis le 1er novembre 1909, à Pleure ; les lignes ci-dessus étaient écrites dès fin 1908, de là mon silence sur ce point. Le bureau du Deschaux n'a donc plus que deux facteurs au lieu de trois, et un facteur auxiliaire qui dessert le quartier des Baraques, la rue de Chaussin et la Fragnausse.

moitié par tête et moitié par feu ou chef de ménage, de sorte que chaque chef de ménage a une part égale, plus ensuite un chiffre de lots plus ou moins élevé, selon le nombre de têtes constituant la famille du chef de ménage. A différentes époques, la répartition de l'affouage a donné lieu à des réglementations variées ; en 1810, la municipalité arrête : « Que toute la coupe en usance (1) sera partagée en deux parts égales, dont l'une sera distribuée selon le toisé des maisons et l'autre par feu ou ménage ; dans le toisé des maisons, il ne sera fait mention que de la maison d'habitation et des grangeages ».

En l'an XI, alors qu'à cette époque le Deschaux comptait 767 habitants, l'affouage se répartissait par tête.

SOCIÉTÉS DIVERSES

Il existe dans notre commune une Société d'assurances mutuelles contre la mortalité du bétail ; cette Société, maintenant très prospère et qui rend de grands services à ses adhérents, en leur versant 75 % de la valeur des animaux perdus, fut fondée en 1899 après une causerie faite sur ces sortes d'associations par M. Berthe, alors instituteur au Deschaux ; les statuts de cette Société ont été approuvés par la Préfecture du Jura le 3 juin 1899. La cotisation annuelle est actuellement de 0,60 centimes % de la valeur assurée.

A côté de cette Société si utile aux cultivateurs, il existe une autre Société dite « Société de Secours Mutuels du Deschaux et de Villers-Robert », qui réunit les deux com-

(1) Usance, qui est en cours d'exploitation.

munes et compte actuellement 6o membres participants
(hommes seulement), et 17 membres honoraires. Le but
de cette association, toute de prévoyance et de solidarité,
est d'assurer gratuitement à tout membre adhérent malade
les soins du médecin et les médicaments, moyennant le
versement d'une cotisation de 6 francs par an. Cette Société date du 22 décembre 1904; elle fut créée après une
conférence faite par M. Nourry, percepteur au Deschaux,
qui avait vu et pu apprécier, dans sa précédente résidence
dans le Haut-Jura, les bienfaits rendus par les Sociétés de
Secours Mutuels à la classe ouvrière et prévoyante. Notre
Société, dont les statuts ont été approuvés en 1905, est en
bonne voie de formation. Pendant les quatre années qui
viennent de s'écouler, elle a pu faire face presque entièrement aux frais de médecins et pharmaciens, grâce aux
cotisations de ses membres honoraires (5 fr. par an) et aux
dons de personnes, quêtes, etc. Son président actuel est
M. Nourry. Il y a une cinquantaine d'années, exactement
le 20 mars 1856, se fondait déjà au Deschaux une Société
de secours mutuels dite « Société de Saint-Louis »; sa
durée fut d'environ 13 ans; son président était M. Pigetvieux. Espérons ardemment que la dernière née sera d'une
vitalité plus grande que sa devancière, qui ne pouvait pas
bénéficier des avantages semblables à ceux faits par le gouvernement de la République, depuis quelque temps, aux
œuvres de prévoyance sociale, et surtout par '1 loi de 1898,
spéciale aux Sociétés de secours mutuels. Ce. _ loi doit être
encore amendée prochainement. Souhaitons, pour la prospérité des deux Sociétés dont il vient d'être parlé, que tous
ceux qui sont en état d'en faire partie viennent en grossir
les rangs sans retard; nous savons que l'union fait la force,

unissons-nous donc, pour faire face aux fléaux inlassables qui atteignent le cultivateur dans son bétail et ses intérêts, et à la maladie qui guette le père et la mère de famille, causant par le chômage, et souvent même, hélas ! par la mort, des gênes et des vides quelquefois irréparables.

Puisque je suis au chapitre des Sociétés, je dirai que, comme Société récréative, il fut organisé vers 1891, par M. Maders, alors instituteur au Deschaux, une chorale, association de jeunes gens pour l'étude et l'exécution de morceaux de musique vocale ; mais elle se dispersa peu après le départ de son chef, M. Maders, vers 1898. Il est à déplorer que dans une population aussi importante que la nôtre, et où les éléments d'une Société de musique seraient parfaitement trouvables, l'on ne puisse voir se former une fanfare ou une chorale, source de récréation et d'amusement, en même temps que d'instruction. Mais ne désespérons pas ; peut-être nos enfants, sous l'impulsion et la volonté d'un prochain chef, réjouiront-ils bientôt nos oreilles d'accents mélodieux et gais.

LES ÉCOLES — L'ENSEIGNEMENT JADIS ET AUJOURD'HUI — CONSTRUCTION DE LA MAISON COMMUNE — LISTE DES INSTITUTEURS

Au point de vue de l'enseignement, l'instruction est donnée au Deschaux aux deux écoles laïques de garçons et de filles ; pendant l'hiver, un instituteur-adjoint est délégué, de novembre à avril, pour aider l'instituteur — classe des garçons — dans sa tâche, l'école étant beaucoup plus fréquentée pendant la période d'hiver, une fois les travaux agricoles terminés ; une école enfantine reçoit les enfants des deux sexes à partir de 3 ans jusqu'à 7 ans. A côté de ces écoles, et depuis la laïcisation qui a eu lieu ici vers 1885, s'est créée une école libre de filles ; elle est installée dans un immeuble appartenant à M. de Vaulchier ; la direction en est confiée à deux institutrices.

Quels pas de géants ont été faits depuis l'époque où s'installait au Deschaux le premier instituteur public, et ce tant au point de vue de l'instruction et des facilités données à tous pour pouvoir bénéficier de ses bienfaits, qu'à celui de la situation pécuniaire et quasi indépendante des maîtres. En effet, jadis l'école était payante, seul l'enfant du riche pouvait prétendre à l'instruction ; le pauvre, qui avait de bonnes dispositions, devait déployer des efforts considérables pour acquérir, pendant le peu de temps passé l'hiver au contact du « maître », les quelques éléments de savoir indispensables à l'homme pour la vie. Aujourd'hui, la gratuité ouvre toute grande l'école primaire à l'enfant, riche ou pauvre ; malheureusement, on voit encore trop de nos jours l'enfant du pauvre, qui en aurait le plus besoin, délaisser l'école et les cours d'adultes, et négliger de s'instruire. Et cependant, aux temps que nous vivons, quelle tare que l'ignorance ! chose qui ne devrait plus exister après l'obligation imposée par la loi de 1882, mais restée lettre morte. De son côté, le « maître » a vu sa situation devenir meilleure ; le gouvernement de notre troisième République, en rémunérant mieux les éducateurs de ses enfants, les a élevés en dignité et en indépendance.

Avant 1790, on allait à l'école à Villers-Robert. Le premier instituteur public fut installé au Deschaux le second floréal, an II (2 avril 1794), il se nommait Jean-Baptiste

Darmasse ; recteur à Villers-Robert, il déclarait « s'inscrire
pour servir d'instituteur en la commune du Deschaux,
vouloir ouvrir une école et enseigner la lecture, l'écriture
et l'arithmétique, en se conformant aux lois et livres élé-
mentaires de la Convention nationale. »

Voici la teneur d'un engagement contracté par la municipalité du Deschaux avec l'instituteur et sa femme, en
1822, les renseignements donnés par ce document sont,
comparativement à l'état actuel de l'e. eignement primaire,
curieux à plus d'un titre.

« L'an 1822, le cinq octobre, nous soussignés Maire et
» membre du Conseil municipal, d'une part. Et Jean-
» Louis Olivier, instituteur primaire du deuxième degré,
» Thérèse Chevaleret, son épouse, résidant à Villers-Ro-
» bert actuellement, d'autre part, ont fait les conventions
» suivantes :

» Lesdits Olivier et Chevaleret promettent et s'engagent
» d'enseigner les enfants de l'un et l'autre sexe de lad. com-
» mune pendant le cours de 6 années qui prendront com-
» mencement le premier novembre prochain et finiront à
» pareille époque, après les 6 années finies et révolues.
» Lesdits Olivier et Chevaleret promettent de remplir avec
» exactitude les obligations ci-après détaillées :

» 1° D'instruire les enfants des deux sexes dans deux
» salles séparées des principes et des dogmes de la Reli-
» gion, de leur apprendre la lecture, l'écriture cursive
» française et l'orthographe, les principales règles de l'a-
» rithmétique, le calcul décimal et la manière d'arpenter
» les héritages et le plain-chant.

» 2° De faire toutes les écritures de la mairie, vues et
» imprévues.

» 3° Ledit Olivier sera tenu d'assister aux offices de la
» paroisse les dimanches et fêtes solennelles pour y tenir
» la place de chantre du second cœur, et assistera aussi aux
» inhumations des personnes au-dessus de 20 ans.

» Pour salaire, les maire et membres du Conseil pro-
» mettent et s'obligent par la présente convention de payer
» chaque année auxdits Olivier et Chevaleret, mari et femme,
» trois cents francs, laquelle somme sera portée au budget
» et leur sera payée par « quartier », c'est à dire soixante
» et quinze francs tous les trois mois ; ledit Conseil ac-
» corde pour logement dans la maison commune : 1° La
» cuisine du côté midi ; 2° la salle qui est au bout pour
» tenir la classe des garçons ; une autre salle pour tenir la
» classe des filles au bout de la chambre du four ; 4° enfin
» une chambre haute à feu au nord-ouest de lad. maison
» commune, plus une cave sous la cuisine qu'il habitera,
» à charge par lui de livrer passage pour aller dans la se-
» conde cave, il aura place dans le jardin et place au gre-
» nier et au four.

» Lesdits Olivier et Chevaleret sont autorisés de per-
» cevoir de leurs élèves : 1° De ceux qui sont au premier
» principe o franc 50 par mois ; 2° de ceux qui lisent et
» écrivent, o franc 60 ; 3° pour ceux qui lisent, écrivent,
» calculent et apprennent le plain-chant, les époux Olivier-
» Chevaleret auront part à l'affouage pour chacun un feu
» qui leur sera donné gratis, et ils répondront des vitres
» que les enfants et autres pourraient casser aux croisées
» des chambres ou salles qu'ils habiteront.

» Fait double au Deschaux les jour, mois et an que
» dessus. » (Suivent les signatures.) (Archives municipales du Deschaux.)

Voici les noms des instituteurs titulaires qui enseignèrent au Deschaux depuis la création des écoles, c'est à dire depuis la Révolution : Darmasse, déjà nommé, en l'an II de la République ; Oudenot, en 1804 ; Ruffier, en 1817 ; Raison, en 1820 ; Olivier, Jean-Louis, déjà nommé, en 1822 ; Olivier, Zéphirin, en 1834 ; Pigetvieux, en 1840 ; Barriod, en 1854 ; Duparet, en 1858 ; Bonnamy, en 1876 ; Martin, en 1880 ; Maders, en 1890 ; Berthe, en 1898 ; Perret, en exercice depuis 1900. Disons en passant que les écoles communales du Deschaux relèvent de l'inspection académique de Lons-le-Saunier.

L'édifice communal qui sert actuellement d'écoles laïques et où se trouvent les logements des instituteurs et la Mairie, fut construit en l'an XI (1803) ; cette construction coûta à la commune 28.000 fr., qui furent payés au moyen de prélèvements et de taxes imposés sur la principale des ressources communales d'alors : l'affouage. La maison commune, où logeaient les instituteurs, était louée en 1818 : partie au premier notaire, Me Pillot, en résidence au Deschaux, et en 1821 partie au premier huissier royal, résidant également ici, M. Mathieu Monamy (1). Des réparations successives ont été faites à ce bâtiment, qui était continuellement envahi par les eaux dans ses caves, au point qu'en 1817, le Conseil : « Considérant que les eaux qui séjournent depuis si longtemps dans les caves de la maison commune sont dans le cas de lui causer un grand préjudice, et peut-être un écroulement ; nous avons unaniment décidé de faire construire un canal pour l'écou-

(1) Deux autres huissiers résidèrent aussi au Deschaux : MM. Bredas et Hémery.

lement de ces eaux, qui prendra depuis lesdites caves et qui descendra le fond de Richard à l'ouest, sur une lon·gueur de 180 mètres ».

Ce canal fut construit, mais l'entrepreneur fut par la suite mis à plusieurs reprises en demeure de réparer et même refaire ce travail, l'eau gagnant de plus en plus les sous-sols de la maison commune. Une fontaine d'eau sau-mâtre y existe encore actuellement.

Cette année 1908, un puits pour l'eau potable est en construction dans les dépendances du bâtiment ; jusqu'à cette époque, les instituteurs ont dû, par conséquent de-puis passé un siècle, s'approvisionner d'eau aux puits du voisinage.

LE NOTARIAT

CRÉATION DE L'ÉTUDE DE NOTAIRE AU DESCHAUX
TABLEAU DES NOTAIRES

Le Deschaux possède depuis 1818 une étude de notaire, où se trouvent déposés et s'accumulent depuis près d'un siècle tous les papiers, actes et documents intéressant les habitants d'une bonne partie de notre canton. Avant d'aller plus loin sur ce chapitre, je vais donner la liste des no-taires qui ont exercé ici depuis la création de l'Etude. On trouve : en 1818 jusqu'à 1825, Me Pillot, ci-devant no-taire à Rochefort, ensuite Mes Aymé de 1825 à 1838 ; Habert de 1838 à 1851 ; Versey de 1851 à 1859 ; Piellard de 1859 à 1888 ; Jaillet de 1888 à 1896 ; Montagnon de 1896 à 1907 ; et Marcoux en exercice depuis septembre 1907.

L'institution notariale joue un grand rôle dans la marche des affaires d'un pays. Son utilité est constatée bien souvent. En effet, après un décès, on appelle le notaire qui dresse l'inventaire, fait la vente des biens, meubles ou immeubles et dresse le partage entre les ayants-droits ou encore prépare les comptes des mineurs devenus majeurs, après la tutelle. Il procède aux ventes, échanges et transactions entre les particuliers ; il a seul qualité, en l'état actuel de nos lois pour constater un emprunt hypothécaire, une mainlevée d'inscription, pour recevoir un acte de donation, un contrat de mariage. Et beaucoup d'autres actes. Cette institution très ancienne puisqu'elle fut créée par Saint-Louis vers 1270 et developpée dans toute la France par Philippe-le-Bel, a ses détracteurs, comme tout ce qui existe en ce bas monde, du reste ; une chose surtout qui met en méfiance le public, c'est la fréquence des krachs et par suite des ruines causées de temps à autre par des notaires malhonnêtes. Quoi qu'on en dise, une inspection périodique faite par des personnes compétentes autres que les notaires eux-mêmes, avec pénalités appliquées sans faiblesse, donnerait certainement de bons résultats ; le notaire consciencieux, probe et travailleur ne craint pas le contrôle ; seul, le notaire négligent ou malhonnête serait mécontent, mais de ceux-là il n'en faudrait plus. En disant ceci, je ne fais que rapporter ici l'opinion formulée depuis longtemps par de très honnêtes notaires.

Je reviens à la question, en ce qu'elle concerne notre commune, notre région. Me Faivre, notaire public était installé à Villers-Robert en 1795, succédant à Me Joseph Aymé qui était aussi notaire au même lieu en 1794. Avant cette époque, dès 1750 Mes Ménétrier et Bourges, notaires royaux à Rahon, dressaient la plupart des actes des habitants du Deschaux. A ces mêmes époques, les communes environnantes, comme Tassenières et Bretenières, avaient recours aux notaires royaux, de Colonne Me Fevrut vers 1730, et de Rye, Me Petitperrin, vers 1780. On trouve beaucoup d'actes reçus par ce dernier notaire intéressant les communes de Pleure, Chêne-Bernard et Tassenières. Des bureaux de contrôle et « d'insinuation » (1) existaient à Chaussin et à Rahon ; quelquefois le même acte pouvait être présenté à deux bureaux distincts ; ainsi un contrat de mariage pouvait être « insinué » au bureau de Rahon, et porté ensuite au bailliage de Dole pour une seconde perception dans les quatre mois de sa date, si l'acte contenait une donation. On voit d'ici que le peu de facilité de transport qui existait à ces époques déjà lointaines pour nous ainsi que le très mauvais état des chemins étaient une cause de grande perte de temps pour les notaires qui voyageaient généralement à cheval ; Me Petitperrin, notaire royal à Rye, devait porter ses actes au contrôle de Colonne.

L'existence d'une étude de notaire dans une commune est très utile aux habitants qui n'ont pas à se déplacer pour le règlement de leurs affaires, et peuvent plus facilement et à moins de frais consulter les divers actes intéressant leurs familles et leurs ancêtres.

(1) L'insinuation était indépendante du contrôle ; il y avait l'insinuation légale pour la publicité des donations, et celle fiscale, qui avait pour but la perception des droits de mutation. Il existait plusieurs autres catégories d'insinuation. — L'insinuation est aujourd'hui remplacée par la transcription.

DOCUMENTS ET RENSEIGNEMENTS CURIEUX SUR LA RÉGION

Quoique les citations qui suivent eussent été plutôt à leur place dans la troisième partie de ce travail, je vais cependant, pour ne plus avoir à y revenir qu'incidemment, donner la teneur de quelques actes notariés du temps ; presque tous sont d'avant la Révolution ; la seule lecture de ces pièces vaut mieux que tous commentaires, chacune d'elles contenant des renseignements historiques, soit sur les institutions, soit sur les mœurs ou habitudes d'alors.

Extrait de Tutelle

« Extrait des minutes du greffe de la justice de paix de
» Pleure, Saint-Martin et dépendances. Entre Me Pierre-
» Joseph Roux, commis procureur d'office de la justice de
» Pleure, y demeurant, demandeur en la dation de tu-
» telle aux corps et bien de Philiberte-Denise et Jean-
» Claude Ventard enfans pupilles de feu Jean Ventard et
» de Françoise Colladant de Pleure, en vertu de l'ordon-
» nance de Monsieur le juge Chatelain de lad. justice, et
» aux fins de l'exploit du sergent Poiselat en date du 24
» janvier 1793, contre Philibert Ventard de Pleure...
» etc...; nous ordonnons que les biens immeubles desd.
» pupilles seront aussy adjugé à titre de bail et que les
» pensions des deux plus jeunes d'entre eux seront aussy
» adjugé. Jean-Baptiste Fagot et Philibert Boichot s'étant
» chargés des deux plus âgés par charité, et pour la confec-
» tion dud. inventaire l'adjudication du bail et de lad.
» pansion. Nous commettons Maître Jacques Guérillot

» greffier ordinaire de cette justice aincy que pour la vente
» du mobiliers des d. pupilles que le d. tuteur requiers
» Icy ».

Traité de Mariage

CONTRAT

« L'an 1764 le 29 février avant midy pardevant les no-
» taire et témoins en bas nommés ont comparu Désiré
» Grivet fils de furent François Grivet et Etiennette Moyne
» simple laboureur de Chamdebernard paroisse de
» Pleure d'une part
» et Remie Ventard fille de Claude Ventard et de Remie
» Crost de même condition, dudit Pleure, d'autre part,
  » lesquelles parties sçavoir Ledit Désiré Grivet majeur
» et usant de ses droits, assisté de jean Grivet son frère et
» de jean Grivet son oncle
  » et lad. Remie Ventard procédant de l'autorité et con-
» sentement desd. Ventard et Crost ses père et mère cy
» présent assistée du sieur Jacques Fagot curé de Pleure
» son cousin, de Philibert et Philiberte Ventard ses frère
» et sœur ont entr'elles fait et réglé les conventions de leur
» futur mariage comme s'en suit promettant lesd. Grivet
» et Ventard de se prendre aloyaux mary et femme pour
» vivre ensemble en paix et union et a cet effet de se re-
» présenter en face de l'église pour y recevoir la benédic-
» tion nuptiale Le plus tôt que faire se pourra et quand
» l'une des partie en requerra l'autre.
  » participeront lesd. futur par moitié en toutes aquisi-
» tions de biens meubles et immeubles qu'ils feront cons-
» tant leur société conjugale dérogeant au regard des meu-
» bles à la coutume de cette province suivant laquelle Le

» surplus du présent traitté demeurera réglé en ce qui
» pourrait y être omis.

» en faveur duquel futur mariage Ledit futur s'est fait
» Bon et Riche de ses biens et droits en quoi qu'ils puis-
» sent consister.

» Au réciproque Ladite future de l'avant dite autorité
» s'est faite Riche de ses biens paternels et maternels tels
» qu'ils luy échoiront par les décès de sesd. père et mère
» et a déclaré avoir en sa puissance un trousseau prove-
» nant de ses salaires épargnes et gains particuliers pour-
» quoy il ne sera point sujet à Rapport lors du partage
» des biens de sesd. père et mère, consistant led. trousseau
» en un buffet de chesne ferré et fermant a clefs, un tra-
» versin de plume avec des toyës, une toyë de lit, une cou-
» verture d'étoupes piquée, des rideaux de serge verts, huit
» draps de lit, un habillement complet de drap d'elbœuf
» et six autres habillements complets de différentes étoffes
» et couleurs avec les tabliers, mouchoirs, chemises,
» coiffes et autres habits journaliers, quatre nappes, six
» serviettes, estimé le tout à 120 livres (1) lequel trous-
» seau lad. future conférera en la communion dudit futur
» lequel lui en fait quittance par le present traitté pour
» par ladite future et les siens en faire le relèvement le cas
» arrivant.

» En considération dud. futur mariage lesdits futurs se
» sont fait donation réciproque par le prémourant au sur-
» vivant de la jouissance de tous les biens du prémourant
» pendant la viduité du survivant seulement sans être
» obligé de fournir caution.

(1) La livre valait environ 20 sous. La loi du 25 germinal an IV
la fixait à 0 fr. 9876.

» et led. Ventard père a déclaré qu'au cas où lad. Remie
» Crost sa femme luy survivrait il voulait qu'elle eut pen-
» dant sa viduité son habitation et commodité dans la
» maison, place aux écurie et hébergeage et part aux jar-
» din et chenevières sans être inquiétée par ses enfants.

» Arrivant la dissolution de mariage chaque partie rele-
» vera ce qu'elle aura apporté en la communion avant que
» de partager les acquêts ; toutes successions collatérales
» demeureront propres a celuy du côté duquel elles eche-
» ront.

» Chaque partie payera les dettes de son propre Bien et
» s'il en est acquitté pendant la communion elles tiendront
» lieu d'acquêts aux parties, lesquelles ont promis l'exé-
» cution de tout ce que dessus aux peines de droit. A l'effet
» de quoy elles obligent respectivement leurs biens sous le
» scel du Roy requis.

» fait lu et passé en la maison curiale aud. Pleure les an
» jour et mois susd. pardevant Jean-Claude Petitperrin
» notaire Royal résident à Rye en présence du sieur
» Louis-Benigue Ferrieu procureur au bailliage de Chaus-
» sin etc...

» Controllé a Colonne le 29 février 1764. Reçu trois
» livres 15 sols (1) et renvoyé au bureau de Chaussin
» pour l'insinuation de la donation mutuelle d'usufruit
» entre les conjoints. Signé Boichot.

VENTE DE PRÉ, AVEC CENS

« L'an 1781 le 21e jour du mois de novembre après-

(1) Le sol valait la 20e partie de l'ancienne livre qui était d'abord
de 20 sous, puis ensuite de 0 fr. 9876.

» midi, pardevant les notaire et témoins en Bas nommés
» fut présente Marie Vialon veuve de Philibert Guéraud
» demeurant à Pleure laquelle a vendu purement et pour
» jamais comme elle fait par cette présente a Jean Ventard
» labour demeurant audit Pleure présent stipulant et ache-
» tant soixante et quinze perches de prez a prendre en
» trois pièces dans Les prez des Breux (1) territoire dud.
» Pleure dans de plus grandes pièces partageables en
» partie avec l'acquéreur lequel a déclaré les Bien con-
» naître pourquoy il n'est ici fait mention des confins ;
» chargées les portions icy venduës de leurs charges en-
» vers le Seigneur dudit lieu suivant ses titres, au Reste
» franches

» la présente vente ainsi faite pour et moyënnant Le
» prix et somme de quatorze livres que la venderesse a
» déclaré avoir ci devant reçu dudit acquéreur dont elle
» est contente et l'en quitte, s'étant devetu et départi au
» profit d'iceluy des dites portions de prez, L'en a invetu
» mis et met en Bonne possession par les teneur et tradi-
» tion des présentes, Laquelle il pourra prendre quand
» Bon luy semblera pour sureté et garantie de quoy ladite
» venderesse oblige ses Biens sous le scel du Roy requis,
» fait lu et passé à Rye les an, jour et mois susdits en
» l'étude et pardevant Jean-Claude Petitperrin notaire
» royal résidant audit lieu ayant la venderesse déclarée
» être illiterée de ce enquise.

» A l'occasion duquel marché Ledit acquéreur a payé

(1) La perche variait selon les lieux entre 5 m. 85 et 7 m. 15 ;
ici elle était de 6 m. 30 ; 100 perches carrées formaient un
arpent.

» vingt sous de vin Bu dont le quitte la venderesse. Signé :
» etc.

» Controlé et insinué a Colonne le vingt-six novembre
» 1781. Reçu vingt deux sous six deniers (1). Signé :
» Boichot.

» Nous seigneur en directe et censive générale des
» territoires de Pleure et Saint-Martin consentons au
» profit de l'acheteur au précédent vendage a charge
» luy de Nous en payer les cens sans division dont le
» prez duquel les pièces de prez icy vendues est
» chargé envers Nous. Avons reçu une livre cinq sols
» pour lods (2) sauf encore tous autres droits et ceux
» d'autry. Signé : H. de Poly (3).

Bail a Cheptel

» Aujourd'hui 30 brumaire, l'an III de la République
» française une et indivisible (octobre 1794).
» Pardevant Joseph Aymé notaire public à Villers-
» Robert district de Dole, département du Jura, présents
» les témoins en bas nommés
» fut présente Claude-Françoise Petitperrin veuve
» d'Adrien Léculier demeurant à Sergenon district de Po-
» ligny laquelle a par les présentes laissé a titre de bail a
» chetel a Philibert Jacquot citoyen demeurant a Pleure

(1) Le denier équivalait à la douzième partie d'un sou.
(2) Redevance qu'un seigneur avait droit de prendre sur le prix
d'un héritage (fonds d'immeuble) vendu dans sa censive ou dans sa
mouvance, c'est à dire sous sa dépendance.
(3) La maison de Poly possédait de nombreux biefs et droits
seigneuriaux dans la région comprise entre Chaussin et Sel-
lières.

» district de Dole présent et retenant une mère vache de
» lage denviron huit ans sous poil fleuri blanc et une tou-
» rie de lage denviron quatre mois sous poil fromin que
» le retenant s'oblige de nourrir faire paitre les préserver
» de tous dangers excepté la mort naturelle laquelle
» arrivant il sera obligé d'en donner avis dans 24 heures à
» laditte laissante aux Peines de droit.

 » Laditte Léculier a aussy laissé audit Jacquot sous les
» memes conditions trois mères brebis. Le présent chetel
» est ainsi fait et pour la somme de 216 livres pour les
» vaches et pour les moutons pour la somme de 72 livres
» lesquelles des deux sommes ensemble forment celle de
» 288 livres que la laissante prélevera avant tout partage
» qui se fera a l'exigue du bétail a requisition de l'un ou
» de l'autre des parties au devant du domicile de laditte
» laissante ou le croit sera partagé par moitié ainsi que la
» tondue qui se fera dans le courrant de floréal de chaque
» année.

 » fait lu et passé a Villersrobert en la présence du ci-
» toyen Jean-Baptiste fevre juge de paix du canton de
» Rahon demerant a Pleure et de Jean-Claude Laurent
» agent national audit Villersrobert les jour et mois et au
» ci-dessus etc...

 » Enregistré a Chaussin le 15 frimaire an III de la Ré-
» publique une et indivisible a quinze sols. Signé : Briot.

L'ÉGLISE

POLÉMIQUE AVEC VILLERS-ROBERT. RENSEIGNEMENTS DIVERS
CONSTRUCTION DE L'ÉGLISE AU DESCHAUX
LES DESSERVANTS SUCCESSIFS

L'église du Deschaux est de création relativement ré-

cente puisque sa construction ne fut décidée en principe
que par une délibération du Conseil municipal de la commune du 22 janvier 1830, et que cette construction n'eut
lieu que 17 ans après. Antérieurement à cette époque, Le
Deschaux — ainsi que Seligney qui formait alors commune
et qui fut annexée ensuite à Villers-Robert dont elle se
sépara plus tard — faisait partie de la paroisse de Villers-
Robert. Ce n'était pas toujours chose facile que de s'entendre pour faire face aux frais d'entretien et de réparations
de l'église, du clocher et de l'horloge, frais qui devraient
être supportés pour 16/29 par Le Deschaux. L'an XI, le
29 germinal, le Conseil général de la commune décidait la
vente d'un quart en réserve pour faire face aux frais de réparations et de reconstruction de l'église ; le presbytère
ayant été vendu pendant la Révolution et les matériaux
enlevés. En 1808, d'autres réparations s'imposaient ;
l'horloge ne marchait plus, il était question « de le remplacer par un neuf » ; il n'existait pas de presbytère proprement dit, et l'on payait un loyer très élevé pour le
logement du pasteur, logement assez éloigné de l'église ;
il fallut se serrer davantage encore pour parer à ces dépenses sans cesse renaissantes. Par la suite, un presbytère
fut construit à Villers-Robert par M. le Marquis du Deschaux, et en 1820, notre conseil communal propose d'acquérir par voie d'échange cette maison contre « un petit
canton de bois lieudit lepenotte qui longe le jardin de M.
du Deschaux » ; en 1821, cet échange est conclu, quoique,
dit la délibération « cette maison est chargée d'une somme
de 600 fr. envers M. de Froissard ». Il ne fut pas réalisé.

Mais le temps marchait, et les trois communes de cette

paroisse, notamment la nôtre, se peuplaient rapidement, au point qu'en 1825, l'église fut reconnue trop petite pour le nombre de paroissiens à recevoir, près de 1.800 âmes. Son agrandissement fut en principe, décidé. La part contributive du Deschaux dans la dépense devait aller de 18 à 20.000 fr. On était perplexe. Cependant, les travaux n'étaient pas encore commencés en novembre 1827, que notre Conseil municipal songeait à construire une église au Deschaux et faire paroisse, prétextant « que la plus » grande partie des réparations à faire à l'église actuelle » retomberait sur le Deschaux, ce qui l'attacherait pour » toujours à une église dont la position est très incom- » mode pour les habitants ; indépendamment de la dis- » tance accoutumée qui est fort grande, ils en sont sé- » parés par la rivière d'Orain sujette à de fréquens débor- » dements, alors on est obligé d'aller passer au pont de la » route de Lons-le-Saunier à Dole, ce qui allonge le che- » main et oblige aussi à suivre des chemins détestables » surtout en hiver, M. le Maire croit la circonstance favo- » rable pour solliciter l'érection d'une succursale au Des- » chaux, la population de la commune qui est de 1.000 » âmes suffirait pour occuper un ecclésiastique, la vente » du quart en réserve de la commune offre des ressources » pour la construction d'une église ». Il fut décidé qu'un plan et devis seraient dressés pour comparer la dépense avec les ressources de la commune. MM. Richard, maire, et Hubert Chagnet devaient faire les démarches néces- saires.

Entre temps, le conseil de fabrique décidait d'une façon pressante l'agrandissement de l'église de la paroisse de Villers-Robert ; d'après plans et devis, cette dépense devait s'élever à 40.000 fr. au paiement desquels notre commune devait contribuer pour 22.000 fr., à prendre sur le produit de la vente du quart en réserve vendu en 1827-1828, comme le prescrivait la délibération du 12 mai 1829.

Le 1er décembre 1829, le Conseil municipal du Deschaux, sur la proposition de M. le Maire « profondément » convaincu des avantages qu'il y aurait pour la commune » d'avoir une église sur son territoire, rapporte la délibé- » ration du 12 mai 1829 en ce qui concerne le concours » qu'elle devait donner aux dépenses de l'agrandissement » de l'église de la paroisse de Villers-Robert, charge M. » le Maire de communiquer et de signifier au besoin cette » nouvelle délibération à M. le Maire des communes de » Villers-Robert et de Seligney, de suspendre près des » autorités les démarches relatives à l'agrandissement de » l'église. Le Conseil charge ensuite M. le Maire de sol- » liciter près de Monseigneur l'évêque de Saint-Claude le » titre d'érection d'une succursale au Deschaux.

» Le Conseil consacre aux dépens de construction de » l'église : 1° le montant, réalisé, du produit de son quart » en réserve — 26.040 fr., plus le recépage d'un canton de » bois appelé la Queue de l'Etang, montant à 1.400 fr. ce » qui donne ·.440 fr. En outre le produit de la vente » des chênes épars dans la commune, et la vente d'un ou » deux affouage jusqu'à ce que la somme de 35.000 francs » soit réalisée en caisse somme avec laquelle le Conseil » présume qu'il pourra construire l'église dont s'agit ».

De leurs côtés, les habitants de Villers-Robert et de Seligney ne demeuraient pas inactifs ; par une délibération très motivée du 15 décembre 1829, le Conseil municipal

de Villers-Robert s'opposait de toutes ses forces au démem-
brement de la paroisse et à l'érection d'une succursale au
Deschaux ; cette opposition ne devait avoir qu'un effet
temporaire, et fut brisée par la suite — tout comme l'initiative qui fut prise alors par la très audacieuse municipalité, en 1821, d'annexer Le Deschaux à Villers-Robert
— tentative infructueuse, dont il sera parlé plus longuement dans la troisième partie de ce travail — mais qui
démontre combien les actifs et entreprenants édiles de cette
petite commune avaient à cœur d'en conserver l'importance.
Mais notre municipalité devait être de son côté irréduc-
tible ; le Grand-Deschaux voulait son église, c'était entendu, notre Conseil communal le faisait sentir en termes
presque railleurs dans la délibération du 22 janvier 1830
en exécution de laquelle la construction fut décidée. Voici
la teneur de cette délibération à laquelle étaient présents
MM. Richard Jean, maire, Chagnet Hubert, Fougère
Jacques, Curie Anatoile, Roussey Jean-François, Cour
Claude-Antoine, Vincent Claude, Brenot Claude-François
et Georges-Simon de Vaulchier :

« Malgré les avantages très importants que cette sépara-
» tion offre auxd. communes de Villers-Robert et Seli-
» gney en les soulageant des dépenses considérables qui
» tomberont à leur charge pour l'agrandissement de
» l'église et de la maison curiale, il paraît qu'elles sont
» d'avis et décidées à s'opposer à cette demande, elles
» allèguent pour motif le rapprochement des deux églises
» qui suivant leur dire ne sont éloignées que de dix mi-
» nutes ; on peut d'abord contester cette distance qui sans
» doute « a été prise à vol d'oiseau », mais le Conseil de
» ces communes a oublié de parler de la rivière d'Orain

» qui se trouve sur le chemin, et dont les débordements
» inondent toute la prairie qu'il faut traverser, et obligent
» les habitant du Deschaux à faire un détour de plus de
» trois quarts d'heure, de sorte que ceux de la partie mé-
» ridionale préfèrent souvent d'aller aux offices à Tas-
» senière qui est beaucoup plus près.

» Ce Conseil allègue encore que c'est à tort que le Con-
» seil du Deschaux prétend n'avoir pas prévu toute la
» dépense à laquelle il serait entrainé puisqu'il a vu les
» plans et devis montant à 22.000 fr. pour sa part et y a
» consenti, mais il ne parle pas d'une chaussée qu'il fau-
» drait construire depuis la rive gauche de la prairie jus-
» qu'à l'église et sur la rive droite de la rivière d'Orin sur
» un espace de plus de 400 mètres qui coûterait 7.000 fr.
» et aucasionnerait un entretient de plus cent f. chaque
» année, cette chaussée non seulement causerait de grandes
» dépenses mais exposerait à des difficultés, car si on
» la construisait elle ferait affluer les grandes eaux sur le
» moulin de Villers-Robert (1) qui serait arrêté et deman-
» derait des dommages. Si on coupait cette chaussée par
» intervale avec des ponts, il se formerait des courant dans
» la prairie inférieure ce qui causerait de grands dégâts,
» les propriétaires des prés de cette partie s'opposeraient
» à sa construction qui est cependant indispensable pour
» assurer la communication.

» On objecte encore l'insuffisance de 35.000 fr. qu'elle
» énonce dans la délibération pour la construction d'une
» église et d'un presbyter, mais dans le premier moment

(1) Cette crainte n'a pas été justifiée par la suite, après l'établissement de cette chaussée et des ponts, qui eut lieu vers 1845.

» elle fera usage de la maison commune pour y faire un
» logement convenable et très vaste à M. le desservant,
» ensuite elle a encore d'autres ressources, 1° dans la
» coupe de son quart en réserve on a laissé une quantité
» d'arbres très considérable qui nuiront à la croissance du
» tailly, elle compte en solliciter la coupe qu'elle évalue
» sur une superficie de 12 hectares à 12 à 16.000 fr.

» Elle possède sur le territoire de Villers-Robert un
» bois de réserve de 22 hectares qui a été coupé en 1822
» mais qui aura besoin de l'être encore très prochaine-
» ment attendu qu'il est repoussé sur de vieux troncs, on
» estime cette coupe environ 15.000 fr.

» Enfin on lui fait espérer dans les fonds que le gouver-
» nement assigne chaque année au budget à la construc-
» tion et réparation des Eglises, S. E. le Ministre, il faut
» le penser, ne sera pas effrayé de la proximité des Eglises
» quand il saura surtout que la commune du Deschaux a
» une population toujours croissante d'environ 1.000 âmes
» et que cette année les enfants au nombre de 200 depuis
» le 1er décembre n'ont pu aller à l'église pour y recevoir
» l'instruction pastorale, et que le curé a été obligé de
» venir dans les classes pour y faire le cathéchisme.

» Le Conseil de la commune de Villers-Robert et Seli-
» gné si prodigue de ses revenus puisqu'il ne daigne pas
» prendre en considération une économie de plus de
» 20.000 fr. qu'on lui offre, finit par dire que dans le cas
» ou le Deschaux obtiendrait la séparation, les frais de
» plan d'agrandissement restent à sa charge, le conseil à
» cet égard s'en rapporte à la décision de l'autorité.

» D'après toutes ces considérations, le Conseil persiste
» dans sa délibération du 1er décembre, se désiste et

» annule toutes celles qui ont été faites pour l'agrandis-
» sement de l'église de Villers-Robert, charge et autorise
» le Maire a faire toutes démarches nécessaires près des
» autorités civiles et éclésiastique pour obtenir l'établis-
» sement d'une succursale au Deschaux et a prendre l'en-
» gagement envers Monseigneur l'évêque de St-Claude de
» fournir au desservant un traitement annuel de 300 francs
» ce qui sera une économie pour la commune de 80 fr. puis-
» que aujourd'hui elle donne 190 fr. à M. le curé, et qui
» sera obligé d'en donner autant à son vicaire, elle en serait
» donc pour 380 fr. Fait et arrêté en conseil, etc ».

Enfin après bien des péripéties et des discussions, l'église fut construite en 1846.

Voici les noms des curés desservants depuis 1847 à ce jour : en 1847 l'abbé Brocard ; en 1857 l'abbé Boillot ; en 1881 l'abbé Bailly ; en 1891 l'abbé Pasteur ; en 1903 l'abbé Béchet qui n'a pas pris possession de son poste ; en 1904 l'abbé Convers ; et en 1906 l'abbé Vuillemain, encore en fonction.

L'édification d'une église était le premier soin et le principal souci d'une bourgade un peu importante ; le seul fait de voir Le Deschaux dépourvue d'église alors que Villers-Robert en possédait une démontre bien que notre commune n'a pas une existence très ancienne et, en tout cas, qu'elle s'est développée après Villers-Robert, exception faite des petites bourgades du Petit Deschaux et des Granges dont l'origine de l'établissement remonte vers le Ve siècle. On le constatera à la troisième partie de ce travail.

Depuis sa construction, l'église de style très simple et qui ne possède qu'une cloche, a eu quelques réparations

extérieures et décorations intérieures. Il n'y a pas d'horloge au clocher. Le cimetière clos de haies est situé à une
centaine de mètres de l'église, sur la côte au lieudit La
Pommeraie ; son emplacement eût pu être mieux choisi,
car lors des inondations, tout le bas, et quelquefois près de
moitié, se trouve couvert par l'eau. Une amélioration qui
serait approuvée par toute la population, je pense, ce
serait le nivellement avec un lit de gravier fin, de l'allée
centrale traversant le cimetière de haut en bas. Et cela,
sans de bien grands frais. (1)

LES SAPEURS-POMPIERS

Le Deschaux possède une compagnie ou subdivision de
sapeurs-pompiers à l'effectif de 25 hommes ; les lieutenant et sous-lieutenant sont MM. Jacquot Sylvain et Vincent Emile. Cette compagnie fut organisée vers 1852. Il est
bien permis de dire que l'outillage de nos pompiers ne
marche pas de pair avec leur activité, car pour combattre
le feu, ils sont armés d'une pompe « refoulante », mais non
« aspirante »; son remplacement décidé depuis un certain

(1) Eglise. Le Deschaux dépendait de la paroisse de Villers-Robert.
En 1542, Philippe de Vaulchier fit construire près de son manoir
une chapelle qui servit en même temps à l'usage des habitants jusqu'en 1790. Cette chapelle, érigée par ordonnance du 26 décembre
1842 en titre de chapelle simple, devint succursale le 24 avril 1847.
L'édifice actuel, dédié à la Nativité de la Sainte-Vierge dont on
célèbre la fête le 8 septembre, construit en 1846, a coûté 30.000 fr.
Il se compose d'un clocher, de trois nefs et de deux sacristies. Les
nefs sont à plafond, et le chœur, moins élevé que la nef principale,
est à plein-cintre. L'ensemble manque de symétrie. (A. Rousset.
Dictionnaire géographique et historique, 1854).

temps n'a pas encore eu lieu ; la question finances est, paraît-il, seule cause de ce retard. La fête de nos pompiers a lieu le 10 août, pour la Saint-Laurent. La salle des pompes se trouve dans le chalet communal. (1)

LES BOIS ET FORÊTS. LA POLICE RURALE

La surveillance des bois et forêts et la police de la pêche sont assurées par un brigadier des eaux et forêts, en résidence au Deschaux, avec sa brigade dont partie est ici, et partie aux villages voisins, sous la direction d'un garde général ; ce dernier actuellement à Chaussin, résidait anciennement au Deschaux, et antérieurement à Villers-Robert.

La police rurale est exercée par un garde-champêtre ; sa tâche est assez rude pour un territoire aussi étendu que le nôtre. On verra plus loin que deux gardes étaient jugés nécessaires pour la surveillance du territoire anciennement.

LE MÉDECIN
DÉFAUT DE MÉDECIN AU DESCHAUX

Le Deschaux n'a pas de médecin, et cela est bien déplorable. A la mort du jeune et regretté docteur Beauquey, qui s'était installé ici en 1905 pour une année seulement, hélas ! on avait pu apprécier ici et dans les villages voisins, les précieux avantages qu'il y a d'avoir un médecin tout proche des lieux où sont les malades à traiter, prompts secours, frais de visites considérablement réduits, et même

(1) Une pompe aspirante a été achetée par la commune en juin 1910.

médicaments sur place. Le défaut de moyens de communication, de chemin de fer notamment, est la raison pour laquelle les jeunes médecins hésitent à venir s'installer par ici ; cependant, abstraction faite de ce point, Le Deschaux, pays de chasse et de pêche, est assez agréable. Peut être, les municipalités intéressées de notre région pourraient-elles s'entendre pour faire quelques avantages pécuniaires, ou fournir un logement par exemple, et tenter un jeune médecin à s'installer au Deschaux ou à Tassenières ; le sacrifice consenti serait bien vite retrouvé par les habitants vite servis et vite guéris. Nos sociétés de secours mutuels y trouveraient également grand profit. Vers 1870, un médecin, M. Lavy, était venu s'installer au Deschaux, mais il n'y demeura pas longtemps, et il n'eut de successeur que M. Beauquey. (1)

LE COMMERCE. LES APPROVISIONNEMENTS

Au point de vue de l'approvisionnement, on trouve au Deschaux : un boucher, cinq épiciers, un boulanger, un pâtissier, un marchand de vins en gros ; on trouve également : cinq cafetiers, mais par contre aucun restaurant proprement dit donnant à manger et à coucher, ce qui n'est pas très amusant pour les voyageurs se trouvant de nuit au Deschaux, leur seule ressource étant d'aller demander à coucher à Tassenières, Pleure ou Chaussin. Comme autres commerçants, on trouve : deux drapiers,

(1) En 1854, un médecin était installé au Deschaux. En 1848, M. Magnin Philibert était officier de santé à Villers-Robert (Rousset). Depuis le 1er avril 1910, M. Vendrely, médecin, est installé au Deschaux.

un quincaillier, un volailler, plusieurs marchands de fruits, deux marchands de porcs, deux marchands forains. Il existe aussi trois forgerons, trois menuisiers, un charpentier, deux marchands de bois et produits de construction, deux entrepreneurs de travaux de construction, plusieurs maçons, un atelier de cycles.

On rencontre aussi deux tailleurs pour hommes, une modiste et plusieurs ouvrières en robes.

Un bureau de régie des boissons, et de tabacs, a aussi son siège au Deschaux.

Une sage-femme est également installée au Deschaux.

Un meunier travaille pour le public, et en même temps possède un pressoir à fruits.

Enfin, un messager en voiture va deux fois par semaine à Dole et y conduit ou ramène toutes sortes de marchandises pour les négociants ou le public.

LA VIE PUBLIQUE AU DESCHAUX
HABITANTS DU DESCHAUX

On se tient ici au courant de la vie publique et politique au moyen des journaux, notamment : « Le Petit Parisien » et « Le Petit Journal », grands quotidiens de Paris, et par les journaux de la région : « L'Action Jurassienne » « La République du Jura », « Le Jura libéral » et « L'Avenir dolois », paraissant chaque samedi à Dole.

Les habitants du Deschaux sont, généralement, serviables, contents d'aider leurs semblables dans le besoin ; mais ils justifient bien en même temps leur origine que je définirai simplement par ces quelques mots : « ce sont de vrais Comtois ».

Les lignes qui précèdent avaient pour but de fixer à
grands traits l'état, la situation du Deschaux dans son ensemble à cette époque (1908). J'ai fait mon possible pour
y arriver, sans chercher à employer des tournures de
roman ou des phrases ronflantes qui n'ont rien à voir
ici.

Avant de relater la partie principale de cette monographie, je vais consacrer quelques pages aux mœurs, us et
coutumes anciens et modernes de notre commune, et par
suite, de notre contrée. Les historiens ont pu analyser
cette partie superficiellement, en ce qu'elle intéressait la
Franche-Comté tout entière ; je ne crois pas qu'aucun
écrit connu se soit confiné spécialement aux coutumes de
la région du Deschaux ; cette lacune sera comblée en
partie ; elle n'offrira peut être guère d'intérêt pour mes
contemporains qui en savent tout autant que moi sur ce
sujet, mais d'autres qui viendront après nous s'y intéres-
seront peut-être, j'ose l'espérer, si jamais ces lignes reçoi-
vent l'honneur de la publicité.

DEUXIÈME PARTIE

Mœurs, Usages et Coutumes du Deschaux

Les fiançailles. — Le mariage. — Les noces.
La poule. — Le charivari

LES FIANÇAILLES — LE MARIAGE

A tout seigneur, tout honneur. C'est par la cérémonie du mariage que je commencerai. Sans préambule inutile, j'entre de suite dans le sujet.

Actuellement on se marie encore beaucoup trop, entre parents, sans assez se préoccuper des conséquences pour l'avenir de la famille ; l'union entre cousins germains n'est pas rare. D'autre part, si l'affection personnelle des futurs joue souvent son rôle, la question des intérêts pécuniaires en joue un plus grand encore ; les parents sont trop tentés d'oublier que ce sont leurs enfants qui se marient, et non pas eux ; aussi, bien des fois, la pression, les conseils, ou même les menaces ont empêché l'union de solides et durables affections, ne donnant leur consentement qu'à une sorte de mise en commun de plusieurs « journaux » de terre, ou de quelques « soitures » de pré.

C'est là l'origine du désaccord dans beaucoup de ménages.

Les mariages ont lieu le plus souvent à Pâques, ou après moisson, en août ou septembre. Quand un garçon fait sa cour auprès d'une fille, on dit qu'il « lui cause » ; quand il lui a « causé » suffisamment longtemps, une saison ordinairement, il se rend, accompagné de l'un de ses parents auprès de ceux de la jeune fille pour faire « les demandes », ou la demande en mariage. Au repas qui a lieu pour « les demandes », on fixe la date du contrat, le jour où l'on se mariera, et celui où l'on achètera les « bagues » ou anneaux de mariage. Le trousseau de la future est toujours prêt pour le mariage, la future fournit aussi le buffet, le futur apporte le bois de lit et le sommier, et quelquefois des chaises. Presque toujours, un contrat règle préalablement les conventions civiles du futur mariage ; le régime de la communauté de biens d'acquêts est celui admis dans toute la région.

On procède souvent au mariage civil le samedi matin, pour se rendre ensuite à l'église pour le mariage religieux ; depuis quelque temps aussi, le mariage devant le Maire a lieu beaucoup vers le milieu de la semaine, le soir, ménageant ainsi le samedi pour la cérémonie à l'église.

LA « NOCE »

Au jour fixé pour « la noce », les invités se rendent à la maison de la future ; c'est le moment de faire prendre l'air aux vieilles redingotes et aux antiques gibus des grands-papas, et qui ne sortent de leurs étuis que pour les noces

ou les enterrements. Quand tout le monde a préalablement déjeuné, le cortège se met en marche vers les dix
heures du matin pour se rendre à l'église ; un musicien
armé d'un accordéon avec lequel la mesure et l'harmonie
n'ont jamais fait connaissance, s'escrime à jouer des airs
connus en précédant « la noce » ; il y a quelque 40 ans,
l'accordéon était remplacé par des joueurs de violon qui
n'étaient pas sans talent, et l'on se rappelle encore beaucoup du père Triolet et du père Fayet, et, plus près de
nous, Gautron et Vachez. Au sortir de l'église, une petite
promenade est de règle avec station apéritive chez les cafetiers qui se trouvent sur le chemin. Et l'on va, enfin, se
mettre à table pour faire « la noce ». Généralement, en vue
de cette cérémonie, on a tué le cochon, il y a du boudin ;
mais c'est aussi, dès la veille, l'exécution capitale de nombre de poulets, lapins, canards qui, avec le potage au bœuf
ou « bouilli » forment le fonds du repas ; le dessert est
représenté par la « routhie » ou bonne brioche cuite au
four du ménage. Sur la fin du dîner, lorsque le vin a
échauffé les cerveaux et délié les langues, chacun y va de sa
chanson, les vieux même, en « poussent » une, évoquant
les temps passés par leurs airs aux accents traînants et
sentimentaux qui contrastent singulièrement avec la plupart de nos airs actuels, au rythme vif et léger. Mais le
temps passe, et le soir arrive ; dès que le café et le pousse-
café sont ingurgités, toute « la noce » s'ébranle bras-dessus
bras-dessous pour aller danser ; souvent l'on danse dans la
grange, balayée à cette fin, ou encore, dans la salle du
café où « la noce » est allée « boire la bière ». Enfin,
c'est l'heure de « la poule ».

LA « POULE »

Voici ce qu'on appelle « la poule », qui est un grand plaisir pour la jeunesse du pays. Dès le matin, et pendant l'après-midi, les jeunes gars du pays s'abordent tous avec ces mots « viens-tu à la poule ce soir? », « je vas à la poule, et toi ? » ; après avoir soupé au galop, s'être presque endimanchés, et chaussés de pantoufles pour être plus dispos, ils se rendent en groupes au lieu où « la noce danse » ; l'un des plus âgés, généralement un conscrit, futur soldat, s'avance auprès du jeune marié, et demande « la poule » ; « la poule », c'est le droit, très anciennement usité, pour tous les jeunes gens étrangers à la noce, les « poulis », de faire danser à tour de rôle, pendant une heure environ, les jeunes filles de la noce et même la mariée ; lorsqu'il n'y a pas de bal, ce qui arrive quelquefois, « la poule » est remplacée par des rafraîchissements offerts aux « poulis » et accompagnés de morceaux de « routhie », ou encore par une pièce de 5 fr. et quelques fois plus, selon la générosité du marié, pour se procurer des rafraîchissements au café.

LE CHARIVARI

Mais il arrive, bien rarement il est vrai, que les « poulis » n'obtiennent ni bal, ni rafraîchissemets ni argent, ce qui ne fait pas précisément leur affaire. Aussi, pour se venger de cet affront, de cette sorte de contravention aux usages du pays, ils organisent le « charivari ». En un clin d'œil, tous les jeunes gens entourent la maison, armés les uns de vieux arrosoirs, les autres de vieilles marmites sur lesquels ils tapent avec des pierres ; d'autres soufflent dans des cornes, pendant que des fouets claquent à tour de bras, accompagnés de cris de toutes sortes ; c'est un concert, un vacarme assourdissant autant qu'indescriptible, il faut l'avoir entendu pour s'en faire une idée. Et cela dure une grande partie de la nuit, pour se renouveler quelque fois plusieurs nuits. On a voulu empêcher maintes fois le « charivari », mais il semble que l'usage ait été le plus fort, et que l'on ne réforme pas si facilement des traditions qui en somme ont eu et conservent encore leur distraction quand elles ne tombent pas dans l'abus.

Lorsque la noce est finie, tout le monde regagne sa demeure et son lit. Les jeunes mariés, s'ils ont pu s'échapper sans être vus, sont partis seuls de leur côté pour se coucher, car ils savent que les farces ne sont pas finies pour eux ; les jeunes gens de la noce les cherchent, et dès qu'ils ont découvert leur retraite, ils entrent apportant du vin à boire aux mariés ; ce vin, sucré, est contenu dans un récipient plus ou moins bizarre, d'autres fois dans des verres enguirlandés de rubans ; ce ne sont alors que rires fous, sarabandes et joyeux propos. C'est la dernière phase de la noce. Les plus intrépides, enfin fatigués, se retirent, laissant en tête à tête les mariés qui n'aspirent plus, après toutes ces fatigues du bal et de la table, qu'à cet instant de tranquillité bien gagné....

Le lendemain, après un dernier repas pris en commun par les membres des deux familles, les mariés, le plus souvent vont habiter un logement séparé, car tout le monde sait que la vie en commun n'est pas toujours exempte de mécomptes, c'est ce qu'exprime si bien un dicton d'ici : « chaque mariage, chaque ménage ».

LE NOUVEL AN. LES ÉTRENNES

Au premier de l'an, on va souhaiter la « bonne année ». Anciennement, on se rendait le plus matin possible, dès les deux, trois ou quatre heures, à la porte de la maison où l'on voulait « souhaiter », et un ou plusieurs coups de pistolet ou de fusil réveillaient toute la maisonnée ; c'était une pétarade générale dans tous les coins du village. Aussitôt, tout le monde se levait, petits et grands, ce n'était que poignées de mains et embrassades, et, tout en choquant les verres et en buvant une goute de « marc » ou autre chose, l'on se souhaitait toutes sortes de félicités et de bonheurs. La mode, qui existe encore, était de donner des étrennes ; aux petits, on donnait des jouets et des friandises, surtout des papillottes, des marrons, des pommes et des noix ; aux plus grands, des objets utiles ou quelques pièces de monnaies ; on donnait également des étrennes aux domestiques et aux employés de la maison. Anciennement les enfants des parents peu aisés qui ne pouvaient rien offrir à leurs petits pour la « bonne année » circulaient dès la veille de maison en maison ; on voyait arriver ces pauvres petits, le nez rouge et plus ou moins humide, avec un grand sac, et demander leur « Saint Sauvêtre » (Saint Sylvestre); la tournée faite, ils faisaient le soir le compte de leur récolte de pommes, noix ou autres friandises que les bonnes âmes avaient bien voulu leur donner et qui en faisaient des heureux. Cette tournée des petits déshérités des étrennes a encore lieu, mais elle se pratique le jour du premier de l'an.

LE CARNAVAL. PAQUES. LA ROULÉE

Une coutume qui disparaît de plus en plus ici, c'est celle des amusements pendant la période de carnaval ; il y a quinze à vingt ans, aux approches du carême, on s'habillait encore « en carnaval », déguisement plus ou moins grotesque avec masques en carton, et l'on parcourait toutes les rues du village ; le soir, on entrait dans les maisons pour faire peur aux petits et essayer de se faire payer à boire par les grands. Pour Pâques, chaque ménagère préparait « la roulée » pour la famille, les œufs de Pâques teints de différentes manières et cuits durs ; on toquait les œufs comme distraction, pointe contre pointe, on en offrait comme cadeau. La roulée, comme le carnaval, a aussi à peu près disparu ; elle est remplacée par des cadeaux plus riches, plus modernes : œufs en sucre, surprises ou cartes illustrées. Mais, tout cela n'est plus l'œuf de Pâques du temps passé.

LE « MOIS D'AVRIL ». LES POISSONS D'AVRIL

Le mois d'avril, par contre, a conservé sa gaieté ; on sent que c'est le printemps, qu'il faut faire comme le soleil des premiers beaux jours, qu'il faut rire, rire encore. Gare aux naïfs, aux crédules, aux peu « dégourdis », dont les loustics se paient la tête. Autrefois, on vous donnait un « mois d'avril » en vous envoyant chez un tel demander : le « quart-fumier » pour mesurer le fumier, le bâton qui n'a qu'un bout, le van pour déposer la cervelle du cochon frais saigné, le « rogne-andouille »; naturellement, celui auquel vous faisiez votre demande vous renvoyait chez une autre personne, vous disant que l'on venait justement de venir chercher cet objet ; et ainsi de suite. Et quand vous rentriez les mains vides après avoir bien trotté, les rires et les quolibets tombaient drus sur celui qui s'était laissé prendre. Cette manière de faire s'est transformée, la naïveté ayant beaucoup diminué ; mais le « poisson d'avril » existe toujours sous bien des formes, la plus usitée est l'envoi d'attrapes ou de lettres de farces, par la poste, comme aussi les communications verbales apparemment très sérieuses, et qui procurent encore de bons instants de gaieté et de distraction.

LES « MAIS »

Saison des amours et des roses,
Je te salue, ô gai Printemps !
Viens remplacer les jours moroses
Par l'Espérance et ses serments.

Nous voici au mois de mai, mois du réel printemps, qui éveille vraiment à la vie toute la nature ; c'est le mois du bonheur pour les bosquets qui fleurissent, les oiseaux qui chantent et les cœurs jeunes. Au Deschaux, comme dans toute la région du reste, les jeunes gens plantent des « Mais » aux maisons où il y a des jeunes filles ; la veille du premier dimanche du mois, les garçons s'en vont cueillir des branches vertes de différentes essences qui chacune ont leur signification, et au risque de se rompre le cou, vers minuit, quand tout est endormi, ils grimpent sur les toits et glissent leur « Mai » dans la cheminée. Quand le jour est venu, on rit en se montrant les « mais » ; si c'est une charmille, qui signifie « douceur et modestie », ou encore un chêne ou un foyard, qui veulent dire « force et beauté », la jeune fille est intérieurement très flattée, et le « mai » reste en place jusqu'à dessication complète ; si, au contraire, la branche veut avoir un langage railleur ou même blessant, comme le sapin ou le peuplier, ou encore un chiffon emmanché au bout d'une gaule appelée « patrouille ou écouvat », par exemple, alors il faut se lever matin si l'on veut jouir du spectacle de voir descendre ce « mai », car sitôt vu par les habitants de la maison, ces derniers se mettent de suite en mesure d'enlever et faire disparaître ces emblêmes peu flatteurs. Cette coutume qui conserve son charme et sa poésie ne doit pas, à mon avis, être blâmée ; cependant il vaut mieux s'en abstenir que de risquer un danger ou des détériorations pour son exécution. Quelquefois aussi, toujours en mai pendant la nuit, les jeunes gens ramassent et chargent sur une voiture qu'ils traînent à bras, tous les vases de fleurs avec d'autres objets hétéroclites qu'ils trouvent, et les conduisent sur la place du village ; et c'est une scène risible que de voir, le lendemain matin, les propriétaires desdits objets en faire le tri et emporter qui ses bouquets, qui son van, qui sa brouette. Et l'on rit, rit de bon cœur ; et l'on bougonne aussi.

LE « TROTTAGE »

C'est aussi pendant le mois de mai que le mari qui a battu sa femme — ou réciproquement, car cela arrive quelquefois, — est ce qu'on appelle « trotté » ; le « trottage » consiste à reproduire à-peu-près, tant par l'accoutrement que par la voix et les gestes, la scène de ménage et les personnes qui y ont donné lieu ; à cet effet, on organise une

5

ou plusieurs voitures pouvant contenir tous les acteurs nécessaires, et le cortège « trotte » à travers les rues du village en donnant de distance en distance une représentation de la scène supposée ; c'est cocasse et amusant, mais surtout vexant pour les personnes visées. Cependant, cette coutume, comme beaucoup d'autres, est bien près de disparaître.

LE « TUE-CHIEN »

Il était jadis, et il est encore d'usage, après les travaux fatigants des foins et des moissons, de faire le « tue-chien » ; cette réjouissance s'annonce au moyen d'un bouquet fixé au plus haut de la dernière voiture de foin ou de gerbes rentrée ; il n'est aucunement question ici cependant de tuer un chien ou un chat ; cette expression, qui remonterait à la plus haute antiquité, à l'époque où le chien et le chat faisaient partie principale du repas en l'honneur de quelques faits d'armes ou de fêtes païennes, signifie de nos jours tout simplement faire une petite fête après avoir bien sué et peiné aux travaux. Tous ceux ayant concouru aux foins ou à la moisson sont invités, généralement pour un samedi soir ; pour la circonstance, la ménagère a immolé un ou deux poulets, assommé un lapin ; un bon jambon ou un « bouilli » a cuit, qui a préparé, avec des pommes de terre et des choux, une succulente soupe ; quelquefois même on fait les « bugnots » ou beignets ; le tout arrosé de vin du Jura ou du Midi. Bien souvent, après le café — qui existe maintenant dans toutes les familles, mais qui, il y a seulement 50 ou 60 ans, n'était connu que de nom et ne figurait que chez les riches, — les meilleurs chanteurs sont priés « d'en dire une », puis chacun part dormir pour reprendre le travail le lendemain, non sans avoir bien souvent un fort mal de tête, souvenir du « tue-chien ».

LA FÊTE PATRONALE

La fête patronale se célèbre le Dimanche qui suit le 9 septembre, fête de la Nativité ; elle donne aux familles l'occasion d'inviter les parents et amis du dehors à venir les voir et à maintenir les bonnes relations d'amitié. La fête procure aussi des distractions aux petits comme aux grands : jouets, balançoires, chevaux de bois, bals, etc... Anciennement, les hommes jouaient beaucoup aux quilles et les enjeux étaient parfois intéressés puisqu'on a pu voir un propriétaire perdre à une fête la valeur d'une paire de bœufs, et un autre gagner un millier de francs. Des jeux comme du bal naissaient quelquefois des discussions et des querelles qui amenaient des bagarres sérieuses ; si les adversaires étaient de communes différentes, leurs camarades prenaient respectivement faits et causes pour eux, et alors se passaient de terribles luttes où les coups n'étaient ni mesurés ni ménagés. Quand on était rentré chez soi, la fête était qualifiée « pas belle » si l'on ne s'était pas cogné. Heureusement, le temps et le progrès ont corrigé ces mœurs ; les jeux d'argent ne sont plus que faiblement pratiqués, et les querelles, quand par hasard il s'en produit, se vident rapidement entre les seuls intéressés. En parlant des conscrits, je dirai en quoi consiste le « plantage des saints ».

LA TOUSSAINT

Voici la Toussaint ; c'est, à l'approche de l'hiver, la fête du Souvenir. Chacun s'en va faire un pieux pèlerinage au cimetière ; dès la veille, on a remué la terre des tombes, arrosé les fleurs, porté des bouquets où reposent les chers disparus. Tout le monde ici honore ses morts avec raison. Toutes réjouissances sont suspendues ; pendant toute l'après-midi du 1er novembre, et une grande partie de la soirée, la cloche fait entendre une sonnerie lugubre. Une coutume très ancienne est encore en usage ici : le sonneur fait, le surlendemain de la Toussaint, une quête à travers le village, pour le dédommager des fatigues qu'il a éprouvées en sonnant pour les morts ; les uns donnent quelques sous, d'autres un peu de grains qu'il charge sur sa charrette. Et le sonneur s'en va content.

LES BOUDINS

Cette saison d'automne, pour arriver jusqu'à Pâques en passant par les fêtes de Noël et du jour de l'An, est l'époque des boudins. Quand on veut « tuer le cochon », ce qui est un évènement annuel dans presque toutes les maisons, la veille on laisse jeuner « le lard » — on appelle ainsi le cochon qui doit servir à la pitance du ménage ; puis le lendemain, de bonne heure, le cochon est saigné, « frillé » — c'est à dire flambé dans un feu de paille, — puis vidé ; dès qu'il est refroidi, il est découpé par quartiers ou gros morceaux et empilé avec sel, poivre et autres aromates dans le saloir. Bien entendu les enfants, qui assistent à toutes à ces opérations, ne vont pas à l'école ce jour-là, pensez-donc « on a tué not' couchon ! » Ensuite, la ménagère avec le sang va faire le boudin. Un présent est fait aux maisons amies, qui le rendront à leur tour quand elles tueront leur cochon ; il comprend invariablement : un long

bout de boudin, un morceau de filet, ou quelques cote-
lettes, et un « chacusio » — ou partie de la colonne verté-
brale, — garni de gras et de maigre. Donner son boudin,
c'est inviter à un bon repas les amis de la famille ; le
menu, qui doit comprendre naturellement du boudin, se
compose encore de grillade ou filet de porc rôti, de hachis
en boulettes ou « àtraux », de foie, etc.... On « donne son
boudin » une fois l'an ; l'invitation au boudin est un signe
de paix, elle entretient la bonne amitié entre familles ; on
dit ici de quelqu'un qui se trouve en brouille avec d'autres
personnes, que « çà ne va plus, il ne les a pas invités au
boudin cette année ». Anciennement, le repas fini, on en-
tamait une partie de bête-ombrée qui durait quelquefois
jusqu'au lendemain matin. Actuellement, on ne boudine
plus guère, encore une tradition qui s'en va après beaucoup d'autres. Est-ce à dire que la commune amitié n'est
plus ce qu'elle fut autrefois ? Je ne le crois pas.

NOEL. LE RÉVEILLON. DICTONS

Voici Noël ! le Réveillon et les sabots des petits enfants
placés sous le fourneau ou la cheminée en attendant la vi-
site du Père Noël ou de l'enfant Jésus. Il y a quelque
vingt ans, lorsque la neige ne tapissait pas trop les chemins, on allait encore écouter chanter matines ; quand le
premier coup sonnait d'aller à la messe, la maman réveil-
lait ceux des jeunes qui prenaient un acompte sur le
sommeil, puis après avoir bu quelque chose de chaud, on
courait, battant le sol gelé et résonnant sous les sabots,
s'installer à l'église toute pleine de lumière. La messe terminée, tout le monde rentrait à la maison pour réveil-

lonner. A cette fin, une ou deux belles andouilles ou un « bon jésus ou joudry » avaient été cuits, des marrons avaient été préparés ; souvent même, pendant la soirée, on « faisait les gaufres ; et tout le monde se mettait à collationner pendant que « la tronche de Noé » ou grosse bûche de bois continuait de se consumer dans l'âtre, car ici comme dans toute la Franche-Comté, du reste, la coutume de « la tronche » a existé depuis longtemps. C'était généralement à l'heure du réveillon qu'avait lieu la distribution du petit Jésus et du Père Noël. Le bétail lui-même n'était pas négligé, une ample litière avec un plein ratelier étaient servis pour la nuit de Noël, et le maître de la maison se rendait à l'étable visiter ses bêtes et voir si elles « rungeaient » ou ruminaient ; on prétendait même que pendant cette nuit de Noël, les bêtes causaient comme les personnes, et devisaient entre elles ; cependant l'invention du phonographe n'étant pas encore connue à cette heureuse époque, personne n'a pu, ailleurs que dans cette naïve légende, nous assurer de cette chose et nous soumettre la moindre bribe d'un dialogue du bœuf et de la vache, ou du cheval et de l'âne. C'est vraiment dommage. Indiscutablement, de nos jours l'on ne se rend plus guère à la messe de nuit ; cependant l'habitude du réveillon se maintient ; quant au Père Noël ou au petit Jésus, leur apparition nocturne sous la cheminée étant constatée le lendemain matin par nos chers petits avec autant de plaisir que nous le faisions nous mêmes il y a quelque trente ans, ce serait vraiment grand dommage de les en priver.

LE TIRAGE AU SORT
LES CONSCRITS A DIFFÉRENTES ÉPOQUES

Le mois de janvier était, anciennement, l'époque du tirage au sort, et où « l'on faisait le conscrit ». Cette locution « faire le conscrit » signifiait toute une suite de divertissements, de ripailles et de farces précédant le tirage au sort pour finir après la formalité de « la revue » ou conseil de révision. On commençait à faire le « conscrit » en « plantant les saints », opération qui consistait à clouer sur la porte de chaque maison du village, le samedi précédant la fête patronale, des images d'Epinal représentant le saint patron de la paroisse ; à chaque ménage les conscrits recevaient quelques pièces de monnaie et du vin. Il y avait les « conscrits », c'est à dire ceux qui devaient tirer au sort au mois de janvier suivant, et les « sous-conscrits » qui devaient subir le sort l'année suivante. Lors du jour du tirage, conscrits et sous-conscrits partaient, se tenant tous bras dessus bras dessous et chantant à tue-tête les chansons de circonstance, pour le chef-lieu de canton, Chaussin. Le tambour précédait le cortège, ayant lui-même devant lui celui qui « roulait la canne », et le porteur du drapeau. Les conscrits après voir tiré leur numéro prenaient quelques consommations et revenaient au pays, les uns gais et les autres tristes, selon que l'on avait bien tiré, ou qu'on était « tombé au sort ». A une certaine époque, le tirage au sort avait une très grande importance, les bons numéros, c'est à dire très élevés, n'étaient pas soldats, le plus haut de toute la conscription s'appelait le « laurier » ; les mauvais numéros faisaient sept années de service militaire. Plus tard, vers 1872 les bons numéros, tout en étant astreints au service militaire, ne faisaient qu'une année de présence au régiment alors que les autres étaient présents cinq ans. Les très bas numéros, « bidet » par exemple, qui équivalait au chiffre 1, étaient l'effroi des conscrits et de leurs parents, les possesseurs de ces numéros étant surtout envoyés dans la marine. Plus près de nous, en 1889, on modifiait encore la conscription et instituait le service obligatoire pour tous par la loi de trois ans, sauf toutefois certaines dispenses. Un peu plus tard, en 1905, en supprimant le tirage au sort devenu inutile, la loi de deux ans a apporté l'égalité pour tous dans le paiement de l'impôt du sang, sans dispenses d'aucunes sortes autres que celles résultant d'incapacités physiques. Mais je reviens à nos conscrits. Avant de quitter le chef-lieu de canton, chaque conscrit achetait d'abord un « numéro », rond de papier tricolore portant le chiffre tiré, puis s'en décorait la poitrine ou le fronton de son chapeau auquel étaient également enroulés et laissés pendants par-derrière comme une crinière, toute une brassée de rubans bigarrés ; on épinglait également sur la poitrine une cocarde faite de petits rubans tricolores. Souvent aussi on achetait un bouquet que l'on piquait sur le devant du chapeau. Pendant tout le temps que « l'on roulait le conscrit », rubans, cocardes et bouquets étaient exibés. De retour au village, les conscrits avec les sous-conscrits et les parents assistaient à un repas servi dans une auberge ; puis durant deux ou trois jours suivants les conscrits faisaient une quête à travers le village où ils recevaient des œufs, du vin, du lard, de l'argent ; pendant cette tournée ce n'était que farces et amusements, et les ménagères devaient avoir l'œil au guet lorsque les conscrits entraient

dans une maison, sinon les andouilles ou saucisses pendues
au plafond, les paquets d'ails, les vessies de porcs, avaient
vite pris le chemin de la hotte que portait l'un des quêteurs.
L'argent était partagé entre les conscrits, et les victuailles
remises à l'aubergiste qui les préparait pour servir aux
ripailles des futurs soldats. Bien entendu tout le temps que
durait la tournée, les conscrits étaient escortés d'un tambour et quelquefois d'un clairon dont les sonneries alter-
naient avec les chansons sentimentales plus ou moins har-
monieuses, surtout lorsque les voix avaient crié ou chanté
pendant deux jours et deux nuits, quelquefois plus. Une
fois ces agapes finies, bouquet et numéro étaient soigneu-
sement encadrés et placés sous globe. De nos jours, tant
en raison de la suppression du tirage au sort, qu'en raison
du service militaire ramené à une durée égale pour tous,
les réjouissances des conscrits ont perdu tout leur intérêt
et leur importance, adieu les trophées de rubans ! ils ont
disparu. On banquète bien encore pour le conseil de révision, mais la tournée qui suit ne dure pas plus d'un jour,
le temps étant beaucoup plus précieux à notre époque qu'il
ne l'était jadis.

LES CONVOIS

Il est une sorte de solidarité et d'assistance mutuelle qui
a existé depuis longtemps et se pratique toujours avec
entrain au Deschaux, je veux parler des « convois ». Lorsque l'un des habitants veut construire un bâtiment par
suite d'incendie ou autrement, et qu'il a besoin de voitures
pour le transport de ses matériaux, il s'en va trouver
d'autres possesseurs d'attelages qui, au jour fixé, se rendent
en groupe à l'endroit indiqué et amènent tout ce qu'il faut

pour la construction ; aucun ne refuse ses services, des fois même ils sont offerts, sachant bien que l'on peut soi-même, le cas échéant, avoir besoin de pareille aide. Egalement, un particulier non pourvu d'attelage a-t-il besoin d'amener quelques voitures de bois par exemple, vite il va trouver quelques bons cultivateurs, et son bois est rendu de suite et d'un seul coup à la maison. Bien entendu ces services sont donnés sans rétribution d'argent, car beaucoup ne se dérangeraient pas pour un transport payé ; aussi il est d'usage que les convoyeurs soient tous ensemble invités, de préférence un soir, à assister à un bon repas, ce qui leur permet de causer un peu des affaires et de l'actualité ; quelquefois aussi comme « au boudin » on entame une partie de « bête ombrée » qui dure souvent une grande partie de la nuit.

LE BAPTÊME — LE « MERRIGOT »

Lorsqu'une naissance a lieu, on porte l'enfant à l'église pour le baptiser : parrain et marraine escortent le nouveau-né, qui est porté par la « bonne-mère », la sage-femme ; la cérémonie terminée, ce qui est annoncé par une sonnerie de cloches à toute volée, le groupe des parrain, marraine et « bonne-mère » regagne la maison, où doit avoir lieu le « merrigot » ; les parrain et marraine jettent des « bonbons » ou dragées aux enfants du village qui se poussent, se bousculent et se déchirent même les habits pour en faire une plus grande rafle, car les plus forts et les plus habiles ont le plus de chances. Quelquefois, on jette des petits sous mélangés aux dragées, ce qui fait alors la joie des enfants. On offre des bonbons aux grandes personnes rencontrées sur le chemin. Le repas qui a lieu à l'occasion de la naissance d'un enfant s'appelle « le mer-rigot » ; ce mot baroque, qui correspond à grand dîner, est formé de la première syllabe du mot « mérende », en vieux français, tiré du latin « méranda », qui veut dire dîner, et des deux dernières syllabes du mot « tire-larigot », qui signifie largement.

REMARQUES ET DIVERS AUTRES USAGES — LES REPAS — LES GAUDES — LA CAN-COILLIOTTE

Anciennement, la nourriture de l'habitant du Deschaux, comme du reste d'une grande partie de la Comté, se divi-sait comme suit : le matin, c'était les « gaudes », ou bouillie de farine de maïs cuite à l'eau et arrosée d'un peu de lait ; ce déjeuner vous faisait des estomacs comme nous autres n'en avons plus ; avec la farine de maïs vert, la mé-nagère cuisait aussi au four de jolies miches de « flamusse, ou flameusse » ; au repas de midi, c'était la soupe préparée avec un bon morceau de lard, des pommes de terre, choux ou haricots ; le soir, encore la soupe avec pommes de terre cuites à l'étouffée dans la marmite ou casserole de fonte ; on voyait même un mélange de soupe aux haricots avec des gaudes appelé « gaudot » ; le tout arrosé d'eau fraîche, sauf pendant les grands travaux et pour la fête du village, où l'on se permettait un peu de vin. Au repas de quatre heures, on se rafraîchissait avec le « fromage blanc », ou lait caillé. C'est avec le lait caillé, cuit, égoutté, fer-menté et presque pourri que l'on faisait, en le fondant et le salant, un fromage très apprécié sous le nom de « cancoilliotte » ; ce fromage était connu dans toute la Franche-Comté. De nos jours, l'usage des « gaudes » ne subsiste que dans le plus petit nombre de ménages ; on remplace ce déjeuner, si bon cependant pour les enfants, par le fade café au lait ou le café noir — car le café a tout à fait détrôné les gaudes et la « rasûre », — et pour les grandes personnes, par la soupe soit au lait ou d'une autre manière et suivie de quelques morceaux de lard ou d'une omelette ; bien entendu, l'eau est laissée au puits, tout le monde a maintenant chez soi son tonneau, plus ou moins grand, de vin du Jura ou du Midi. Je note en passant que, cette année 1908, le prix du vin paraît être en baisse, vu la grande quantité de la récolte, et de bonne qualité ; le vin se paiera depuis quatre sous le litre, peut-être moins, au vignoble ou chez les marchands de la région.

On ne fabrique plus que dans quelques maisons cette fameuse « cancoilliotte », qui donnerait de l'appétit et du mordant au plus malade, et qui fait trouver le vin si bon. La « fiameusse » est passée de mode, c'était cependant quelque chose de bon et de bien croustillant, surtout en la mangeant fraîche tirée du four.

LES VEILLÉES

Les veillées se faisaient l'hiver en commun dans chaque maison, à tour de rôle, mais surtout au moment des maïs à effeuiller et à celui du teillage du chanvre ; chacun racontait ce qu'il savait, nouvelles ou chansons d'alors ; les grand'mères filaient, armées de leurs quenouilles, en parlant du tout vieux temps et des loups-garous. Les peigneurs de chanvre, généralement venus de l'Ain, dan-

saient la « bourrée ». Tout ceci est dans l'oubli. Plus de
« filettes «, plus de loups-garous, les « pignards » ne
viennent plus, la culture du chanvre ayant été abandonnée
ici, et presque dans toute la région.

Il existe encore quelques autres coutumes ou usages concernant notre pays, mais je bornerai mes citations à ce qui
vient d'être revisé, cette partie n'étant qu'accessoire dans
le présent travail.

TROISIÈME PARTIE

Le Deschaux ancien. Sa création
Principaux évènements avant et depuis sa constitution
en commune jusqu'à nos jours.
Seigneuries du Deschaux

GROUPEMENTS DIVERS. LIOUTRE. LES NOUES. LES GRANGES. LE CARROUGE. FORMATION DU DESCHAUX.

Lorsqu'il s'agit d'écrire l'histoire d'un peuple, d'une région, et que l'on veut remonter aux temps antiques, il est facile, lorsque les annales existent pour cette région, de les consulter et d'en tirer profit ; mais lorsque ces documents historiques font défaut, comme dans le cas qui nous occupe, on ne rencontre que quelques faibles rayons pour illuminer cette sombre nuit des temps. En effet, pour notre commune, rien ne vient aider le chercheur quant à l'origine sûre ; pas de monuments, funéraires ou autres, attestant telle époque, aucune inscription dénonçant à une date ancienne quelconque le séjour d'une bourgade à l'endroit occupé actuellement par Le Deschaux. On ne peut procéder que par déductions, hypothèses et présomptions, et en rapprochant certains faits tirés de documents sûrs mais concernant l'histoire de régions ou pays environnants.

Reportons-nous par la pensée au xiiie siècle, vers l'année 1290 ; alors qu'à cette époque, et dès les ive et ve siècles,

les villages voisins de Villers-Robert, Tassenières et Souvans notamment, étaient déjà en pleine vie, la région
qu'occupe actuellement Le Deschaux était inhabitée et
entièrement couverte de forêts. Seul, au milieu de ces
bois, à l'emplacement où est situé le château du Deschaux,
un petit coin s'animait de temps à autre ; c'est à cet endroit
que s'élevait un bâtiment servant de lieu de rendez-vous
de chasse de la maison de Chissey. Cette maison de Chissey, l'une des vingt-sept familles historiques du duché de
Savoie, datait de 1189 ; elles possédait de nombreuses
seigneuries avec droits féodaux. Les chefs de cette maison,
descendants de Jourdan de Chissey, furent : Jean de Chissey, chanoine de Genève, évêque de Grenoble en 1328 ;
Rodolphe de Chissey, son frère, d'abord Chanoine de
Genève, puis évêque de Grenoble en 1351 après la mort
de Jean, nommé archevêque de Tarentaise en 1383, assas-
siné en 1385 au château de St-Jacques par Pierre de
Comblou ; Aimon de Chissey et Barthélemy de Chissey,
évêques de Nice ; Pierre, comte de Chissey, grand bailli
de la Val d'Aoste, gouverneur de Chivasso, chambellan de
Charles VIII, roi de France. Cette famille ne compte plus,
depuis longtemps, de représentants mâles.

Il paraît certain que les quartiers du Carrouge (1) et des
Granges (2) dont on parlera plus loin étaient peuplés cha-

---

(1) Carrouge veut dire « carrefour », « place libre » ; il est fort
possible que le hameau du Carrouge se soit fondé dans une clai-
rière, au milieu du bois, d'un carrefour, dans une place. De là son
nom.

(2) Le mot « granges », de « granum », grain, signifie bâtiment
où l'on dépose les gerbes ; métairies, réunion d'hommes pour pra-
tiquer la culture des terres; la dénomination qui existe encore
aujourd'hui n'eut pas d'autre origine.

cun d'une bourgade depuis très longtemps ; que ces terrains étaient tenus en « franc-alleu », c'est à dire ne relevant d'aucun seigneur et exempts de cens, mais dont les propriétaires, au titre de premiers occupants, venus de Burgondie vers les ive et ve siècles, n'avaient ni justice, ni fief, ni censive sous eux. Cette possession de franc-alleu est corroborée par un document datant de 1790 publié ci-après et tiré des archives communales du Deschaux.

Revenons au rendez-vous de chasse des seigneurs de Chissey ; cette construction comprenait comme bâtiment principal une tour dénommée la Tour de Lioutre. Le mot « Lioutre » vient de « outre », qui veut dire « au-delà », de l'autre côté, plus loin, et de « li », mot arabe employé pour exprimer une mesure de longueur ; le « li » valait environ 576 mètres. Les seigneurs de Chissey qualifièrent ainsi de « Lioutre » le lieu de leur résidence momentanée qui se trouvait « outre », au-delà de Villers-Robert, à une distance de « li », c'est à dire environ 5 à 600 mètres. Par la suite, Lioutre servit à désigner un très important quartier du Deschaux, situé dans les environs du château, et en majeure partie disparu ; les habitants, comme ceux des Noues, dont il est parlé plus loin, se rapprochèrent à proximité de la route royale qui fut tracée vers 1680. Un lieudit, qui figure au cadastre, porte aussi le nom de « Outre les ponts » pour désigner la partie de prairie qui est située près des ponts sur l'*Orain*.

Près de la Tour de Lioutre, à environ 1500 mètres, à l'endroit qui porte encore aujourd'hui le nom de « Bois des Noues », s'installèrent comme colons quelques familles, pour la plupart venues de Bourgogne. Pendant un certain laps de temps, cette colonie, qui ne comptait que peu de membres, végétait et n'augmentait guère en nombre ; ces habitants étaient paroissiens d'abord de Souvans, puis ensuite de Villers-Robert ; jusqu'à cette époque, vers 1389, le nom de Deschaux ou Déchaux, vieux style, n'était pas encore créé ; c'est à ce moment et à la suite d'un accord intervenu et signé à la Tour de Lioutre entre Antoine de Nozeroy, seigneur de Villers-Robert et Jean de Chissey, bailli général de Bourgogne, que le groupe des Noues fut détaché du gros groupement dit Villers-Robert pour former Le Déchaux. Ce petit groupement des Noues s'adjoignait ceux des Granges et du Carrouge, et tout en conservant respectivement leur dénomination primitive, ces trois groupes formèrent la commune du Deschaux, dans la signification où le mot « commune » s'employait alors. Comme on le verra par la suite, ce n'est qu'en 1791 que la commune fut véritablement formée sous le nom de Grand Déchaux qui devint depuis simplement Le Deschaux. Le hameau des Noues s'étendait sur toute la partie qui comprend de nos jours la Mare Oudot, le Vanolet, vers chez Curie-Courbot, et même jusqu'à la Grande Mouille ; son nom est tiré de l'ancien haut allemand « Noch » qui signifie « conduit » ; il fut appliqué sans doute par les premiers habitants les Burgondes, venus d'Allemagne ; si l'on réfléchit un instant, il est aisé de se rendre compte que toute l'étendue de terrain dont il vient d'être parlé représente bien un vaste conduit allant de la rivière l'*Orain* jusqu'à l'endroit du tracé du chemin de Pleure en passant vers chez Curie-Courbot actuellement ; « Noues » signifie encore prairie marécageuse, terre grasse et humide servant à la pâture ; c'est bien encore la configuration et la consistance de cette partie du territoire du Deschaux. Le

6

Déchaux ou Le Deschaux était créé, il avait pris naissance aux Noues.

D'où vient le mot « Déchaud », selon l'ancienne orthographe ? Quelle est son étymologie ? D'où dérive-t-il ?

Rousset dit dans son dictionnaire géographique de Franche-Comté, édit. 1854 : « Si les titres ne nous apprenaient point que le territoire du Deschaux n'était jadis qu'une vaste forêt, l'étymologie de son nom suffirait pour le prouver, car « chod » en langue celtique signifie « bois ».

Le Deschaux tire donc son nom de l'état même des lieux où il est né ; cette origine est parfaitement admissible. Cependant, une thèse qui diffère sensiblement de celle ci-dessus a été rapportée par la tradition jusqu'à nous ; sans emprunter au celtique sa définition, l'origine qu'elle indique puiserait sa preuve dans un fait qui est celui-ci : la petite agglomération des Noues était séparée de Villers-Robert par la rivière l'Orain ; à cette époque primitive, les ponts comme les chemins n'existaient pas, et pour se rendre à l'église de la paroisse, qui était Villers-Robert, les habitants des Noues, comme ceux des autres groupes sus-désignés, se déchaussaient, c'est à dire se mettaient à « pieds déchaux », pour passer l'eau ; dans les manuscrits de l'époque, le mot est orthographié Déchaud, ou encore Déchaux, du vieux mot qui signifie « déchaussé », pieds-nus. Il est fort possible qu'il ait été tenu compte, pour la création du mot Déchaux (devenu Deschaux), à la fois de sa situation dans les bois et du fait par les habitants des hameaux primitifs de se déchausser pour le passage de la rivière. Par la suite, lorsque l'agglomération s'étendit, augmenta en habitants et s'adjoignit des sous-groupes, le plus fort groupement prit le nom de Grand-Déchaux.

Un hameau, dépendant anciennement et encore actuellement, de la commune de Rahon, tout à fait à l'extrémité nord-ouest du Grand-Déchaux, et qui porte encore cette dénomination, fut, pour les mêmes raisons sans doute, qualifié de Petit-Déchaud. Le Petit-Déchaux est disparu à peu près complètement ; seules, deux fermes subsistent encore, et sont exploitées, l'une par son propriétaire, M. Ferdinand Dunand, et l'autre par M. Dupré, fermier de Mlles Esprit. Le Petit-Deschaux, comme le Carrouge et Les Granges, fut habité par une colonie burgonde vers le ve siècle, après que les Romains eurent tracé la grande route de Poligny à Tavaux ; cette route, en quittant Poligny, dit Edouard Clerc, « passait près du magnifique bâtiment romain des Chambrettes, à Tourmont, au midi du village d'Aumont, où elle est encore appelée « chemin de la poste » ; elle est reconnaissable dans les bois d'Oussières et d'Aumont, puis dans les forêts qui sont entre Mont-sous-Vaudrey et Villers-les-Bois. On la suit jusqu'à la Grange de Seligney (1) et au bois du Deschaux. Là, elle se perd dans trois étangs. On voit qu'elle se dirige vers la tuilerie de Villers-Robert, qu'elle laissait à sa gauche. De Villers-Robert, on la retrouve à travers les bois jusque près de Rahon, village riche en antiquités et peu éloigné de Tavaux, où elle aboutit. » En l'an II, la municipalité de Rahon, alors qu'elle l'avait toujours fait, refusa de livrer aux habitants du Petit-Déchaux le sel d'ordinaire et les raya des rôles. A la suite d'une plainte des citoyens dudit

_____

(1) La carte de l'Etat-major rapporte ce tracé précis entre Petit-Villey et les Baraques de Seligney, sous le nom de « Levée de Jules César. »

hameau, une ordonnance intervint le 23 ventôse an II, leur donnant entière satisfaction (Archives dép. du Jura). On a vu plus haut que le Petit-Deschaux ne compte plus que deux maisons de ferme.

Jusqu'au xive siècle, le Déchaud eut les mêmes seigneurs que Villers-Robert. A la suite de la transaction de 1389, la maison de Chissey commença à posséder ce village, ou mieux cette petite réunion, comme fief particulier relevant directement de la baronnie de Vadans. En 1462, Pierre Carondelet, et, en 1510, Antoine Carondelet, époux de Marie-Claire de Vaudrey, se qualifiait de seigneur du Déchaud. Claude de Gasse fit l'acquisition de cette terre et la céda à son tour en 1536, à titre d'échange contre Flacey, à noble Philippe de Vaulchier d'Arlay, secrétaire de l'empereur et greffier en chef de son parlement à Dole. Elle fut habitée par la suite continuellement par les descendants de ce dernier propriétaire.

Jusqu'à cette époque, le berceau du Déchaud, les Noues, se peuplait lentement, mais son nouveau maître en augmenta beaucoup la population. Dans un court espace de temps, vers 1540, il fit venir 60 familles d'environ 300 membres ; il leur fut d'abord attribué le quartier des Noues, déjà habité en partie, et celui qui porte encore aujourd'hui le nom des « Baraques ». Chaque famille était mise en possession d'une part, cantonnée dans cette part de bois qu'elle devait défricher et mettre en valeur, en échange de certains droits de pâturages et parcours notamment, et l'exonération de certaines redevances. Ces colons, venus d'un peu partout, mais notamment de la Bourgogne (Burgondes), ou même directement de la Germanie (Allemagne), pays d'origine des Burgondes, étaient logés dans des huttes ou baraques qu'ils construisaient eux-mêmes ; c'est de ces circonstances que l'un des groupements a tiré son nom de « Baraques », dénomination encore employée aujourd'hui. Presque tout le territoire du Deschaux, alors en bois, fut ainsi défriché. Les colons donnaient leurs noms au coin de sol ou canton qu'ils avaient fait fructifier. Les plus anciennes familles dont les noms ont été transmis à travers les âges jusqu'à nos jours, sont celles de : Gay, Bonnin, Gateaux, Aimey, Sussot, Sepret, Vincent ; puis viennent celles de Poty, Maître, Fougère, Grelle, Cour, Vallet, David, Cusey, etc. Il est très utile et très intéressant de parcourir le cadastre et d'étudier les noms des lieuxdits ; il y a sûrement des noms de propriétaires ou personnes ayant travaillé au défrichement et à la mise en culture de ces terrains ; en voici quelques-uns : Canton Vaillard, canton Vallet, canton Genevois Vincent, canton Boivin, canton Bonnin, canton Antoine Cour, canton Cusey, canton Dunand, canton Fougère, canton Jacques Fougère, canton Guillemin, canton Grelle, canton Antoine Gros, canton Grandpré, canton Get, canton Maître, canton Minet, canton Michelet, canton Millet, canton Moglia, canton Millot, canton Prunier, canton Sussot, canton Sepret ; on trouve aussi comme lieuxdits : Champ des Aymé, champ Buthiaux, champ Chapoutot, champ Guerrin, champ Gautheron, champ Pourpier, champ Poussot ; Essard-Gauthier, Essard-Gandelle, Essard-Phelebon ; on trouve encore : la Pommeraye, la Mare-Oudot, les Mares, etc.

Un grand nombre des noms ou lieuxdits qui viennent d'être énoncés subsistent encore aujourd'hui comme noms patronymiques de familles du Deschaux ; beaucoup de ces noms comme Laurent, Buthiaux, Pillon, Fougère, Du-

nand, Vincent, Gateau, Chapoutot, Guenot, etc..., exis-
taient en Bourgogne vers les IIIe et IVe siècles, et où on
les retrouve encore de nos jours. Certaines de ces dési-
gnations se rapportent à la nature du sol, par exemple le
lieudit Les Mares qui englobe presque toute la partie centrale du Deschaux actuel, à cause de la nature du terrain
en cet endroit qui était très marécageux. Un lieudit La
Coudre tire son nom de ce que cet endroit était emplanté
entièrement de bois de coudrier. D'autres appellations
tirent leur origine de l'état du sol, telles que Les Essards,
du vieux verbe « essarter » qui signifie défricher, premier
défrichement. Enfin, d'autres portent l'empreinte de la
féodalité, et rappellent d'anciens droits seigneuriaux, et
d'anciennes charges ou redevances auxquels étaient tenus
les habitants envers les seigneurs du lieu ou de la région ;
tel le lieudit la Pommeraye ou Pommeraie. Ce lieudit
comprend toute la petite côte exposée au levant, qui
s'étend derrière l'église, près du cimetière actuel, allant
depuis près de la passerelle sur l'Orain, appelée la Planche,
pour finir à proximité du chemin de Villers-Robert, en
longeant l'une des branches de l'Orain qu'on appelle « la
Morte ». Vers 1600, le Seigneur de Vaulchier fit aména-
ger par ses sujets, et emplanter d'arbres fruitiers ce coin
de terrain, le seul du centre du pays bien exposé au levant;
il en fit son verger qui contenait surtout des pommiers en
grande quantité ; de là est né le nom de pommeraie qui
signifie lieu planté de pommiers. Ce verger, qui était bordé
par une petite rue qu'on appelle encore de son ancien
nom rue du Miracle et dont il sera parlé plus loin, fut
supprimé vers l'époque de la Révolution. Il n'en reste
plus de trace aujourd'hui.   .

LA FRANCHE-COMTÉ A TRAVERS LES AGES

Notre commune du Deschaux fait partie de l'ancienne province de la France appelée Franche-Comté ; elle se trouvait, d'après les anciennes limites, aux confins sud-ouest de cette province. Il me semble utile de dire ici quelques mots sur la Franche-Comté. L'histoire nous apprend qu'elle faisait partie de la confédération des Séquanes, entre le Doubs, la Saône et le Rhône ; la capitale de la Séquanie était Vesontio (Besançon) ; les Séquanais étaient les rivaux des Eduens, peuple gaulois qui habitait le pays entre la Loire, la Saône et le Rhône. Les Eduens furent les premiers Gaulois qui devinrent les alliés des Romains. Leur capitale était Bibracte, aujourd'hui le Mont-Beuvray (Nièvre). C'est près de cet endroit que Jules César, empereur romain, y vainquit les Helvètes, mais sa victoire lui coûta cher, car il dut passer trois jours à ensevelir ses morts.

La Franche-Comté comprenait quatre grands baillages : Besançon, Dole, Vesoul et Lons-le-Saunier. Après bien des tentatives repoussées, les Burgondes finirent par s'y établir (vers l'an 413). C'est à la suite de ces incursions que quelques guerriers demeurèrent ici et s'établirent au Petit-Deschaux, aux Granges et au Carrouge, et possédèrent leur coin de terre qu'ils tenaient en franc-alleu, c'est à dire ne relevant d'aucun seigneur ou autre maître, et par la suite exempts de cens.

La Franche-Conté fit alors successivement partie des

Royaumes de Burgondie, de Lothaire 1er, de Charles de
Provence, d'Italie, de Louis II, de Boson et des Deux-
Bourgognes (1032); ensuite, elle passa au Royaume de
Germanie, et par suite à l'empire de ce nom. Dès 951,
elle fut un comté particulier qui prit le nom de Franche-
Comté, puis celui de Comté palatin de Bourgogne. Les
principaux comtes héréditaires furent Otte Guillaume (de
995 à 1027), Guillaume le Grand (de 1057 à 1087), Guillaume II (de 1097 à 1127); Renaud III en 1140; Otto
(1190-1200). En 1148, Béatrix, fille de Renaud III,
épousa l'empereur Frédéric 1er et gouverna le Comté avec
lui; en 1315, Jeanne fille du comte Othon IV, apporta en
dot le Comté à Philippe de Poitiers, roi de France sous le
nom de Philippe V le long ; celui-ci le céda en 1330 à son
gendre Eudes IV de Bourgogne. Réunie de nouveau à la
Couronne en 1361, à la mort de Philippe de Rouvre, la
Franche-Comté fit partie de l'apanage donné par le roi
Jean à son fils Philippe le Hardi, premier duc Valois de
Bourgogne, à la mort de Louis le Mâle, fils de Marguerite, héritière du Comté par son père Philippe V (1384).
Dès ce moment, la Franche-Comté suivit le sort du duché
de Bourgogne jusqu'en 1477 ; en fut séparée alors, et
comme fief féminin et germanique fut portée dans la maison de Habsbourg par le mariage de Marie de Bourgogne
fille de Charles le Téméraire, avec l'empereur Maximilien
1er (traité de Senlis en 1493) ; la Franche-Comté resta à la
maison d'Autriche jusqu'en 1668. Le traité des Pyrénées
(en 1659) promit ce riche fief en dot à Marie-Thérèse d'Autriche, femme de Louis XIV ; mais cette clause ne fut pas
exécutée. En février 1667, pendant la guerre de Dévolu-
tion, Louis XIV et Condé avec 20,000 hommes emportent

Besançon, Salins et Dole (1) et en trois semaines soumettent tout le Comté ; cette province était alors gouvernée par le Marquis de Jenne, au nom du roi d'Espagne. Le traité d'Aix-la-Chapelle signé en 1668 rendait cette conquête à l'Espagne. Mais en 1674, avec 25.000 hommes conduits par Vauban, Louis XIV se jeta de nouveau sur notre province, prit Besançon en 9 jours et la province en 6 semaines. Le traité de Nimègue en 1678 laissait définitivement à la France la Franche-Comté « avec seigneuries, dépendances et annexes de quelques noms qu'elles puissent être appelées ». Sous l'ancien régime, la Franche-Comté eut un parlement à Dole, puis à Besançon, et une université transportée de Gray à Dole, puis à Besançon ; elle formait une « généralité » (2) particulière et faisait partie au point de vue des Gabelles des pays de salines. Elle a formé en 1790, les trois départements du Doubs, de la Haute-Saône et du Jura.

(1) Un assez curieux dialogue nous est rapporté au sujet du siège de Dole. La capitulation étant signée, Condé, à la tête des troupes, se disposait à entrer dans la ville. En ce moment le parlement se présenta pour le complimenter. « Monsieur le Premier Président, — dit Condé —, soyez bref ». — « Monsieur, j'ai dit » répondit le président Jobelot ; et il rentra gravement dans la place, après avoir fait au grand capitaine un immense salut. Il répondait ainsi à une impatience peu polie par un laconisme de bon goût. Condé était plus heureux que son père Henri II prince de Condé, lequel avait échoué devant les murailles de Dole en 1636 avec une armée de 30.000 hommes.

(2) Les circonscriptions financières entre lesquelles la France était divisée avant 1789 pour la perception des tailles et autres droits du roi prirent le nom de Généralités quand on eut réuni les charges des généraux des finances à celles des trésoriers.

LES SEIGNEURS
LA FÉODALITÉ. LES DIMES. CHARGES. REDEVANCES, ETC.

L'auteur Rousset, déjà nommé, dit que « lorsque le seigneur du Deschaux eut fait venir dans ses terres un grand nombre de colons, il leur fit une distribution de terre, moyennant un faible cens ». Il s'agit ici de la colonie des Noues, et des Baraques dont il a été question plus haut. Sans vouloir entrer dans de grands détails sur les charges diverses qui pesaient sur le paysan, je crois utile d'en dire quelques mots.

Le « cens » était la redevance annuelle, foncière et perpétuelle, dont un héritage (1) était chargé envers le seigneur du fief dont il relevait ; il se divisait en cens principal, redevance foncière payée une fois pour toutes, et en cens périodique, rente féodale payée annuellement. Le cens ne pouvait être diminué pour cause de stérilité ou sous quelque autre prétexte contre le gré du seigneur. Le cens était dit requérable ou cens à queste, lorsqu'on entendait que le seigneur censier était tenu de l'envoyer demander à son vassal qui dès lors ne pouvait être condamné à l'amende qu'après avoir refusé de payer ; le cens était dit portable quand il devait être offert au seigneur à certain jour à peine d'encourir l'amende prononcée par la coutume. Pour la seigneurie du Déchaud, le mode généralement usité était le cens périodique portable ; on s'en acquittait quelques fois en argent, mais la plupart du temps en nature, en grain.

(1) Le mot « héritage » signifie ici fonds de terre d'une contenance plus ou moins étendue.

Le cens dû pour les terres se payait proportionnellement au nombre de chevaux ou de bœufs qui les exploitaient, tant de boisseaux par attelage. A côté du cens, d'autres droits profitaient également au seigneur ; les principaux étaient : le droit d'avenage, du mot avoine, redevance payée d'abord en avoine, puis plus tard en autres grains ou en volailles ; le droit de congé, droit spécial que payait le censitaire pour pouvoir disposer de son bien ou héritage et sur lequel le seigneur avait un cens.

La dîme ou prélèvement du dixième était aussi une charge bien lourde, après tant d'autres, sur le dos du pauvre peuple ; il y avait : la dîme ecclésiastique, perçue par le prêtre à cause de son ministère spirituel ; elle était perçue ici au profit des deux paroisses de Villers-Robert et de Tassenières, car une partie des habitants, le hameau des Baraques, fréquentaient cette dernière paroisse. Le seigneur, de son côté, prélevait aussi la dîme : la dîme prédiale ou réelle sur les propriétés foncières ; la grosse dîme pour le bétail ; la dîme verte ou menue-dîme sur les fruits des vergers, etc....; la dîme portait sur toutes sortes de denrées.

Un autre droit appelé droit de champart était exercé par le seigneur, il consistait à prélever après la dîme payée, une certaine quantité de gerbes sur les terres de sa censive ; le champart, du mot « champ » et « pars » ou partie n'était dû que par les terres ensemencées de grains. Pendant long-temps le seigneur du Déchaud eut droit de « champart » sur les terres de Tassenières, mais les habitants de cette commune, en exécution d'une délibération de la municipa-lité du 10 juin 1791 homologuée le 4 août même année (Archives départ. du Jura), se libérèrent de cette charge en cédant à ce seigneur un bois sur Tassenières, qui existe encore comme forêt et qui s'appelle le bois de l'Hayer ou « l'Eillis ». (1)

En dehors de ces diverses charges, il fallait ajouter, notamment, les obligations corporelles telles que : la corvée ou le service de la milice, le guet, la garde. Les nobles seuls avaient droit de chasse, et ils l'exerçaient sur les terres de leurs vassaux ; le braconnage était puni de mort ou des galères.

AUTRES DROITS SEIGNEURIAUX

Le seigneur du Deschaux avait la justice haute, moyenne et basse sur le territoire. Les sujets étaient mainmortables. La haute justice comprenait des causes civiles et criminelles les plus importantes, telles que meurtres, incendies, etc. Le seigneur haut justicier pouvait condamner à tous les supplices alors connus ; la basse justice s'appliquait aux délits de moindre importance ; la moyenne justice com-

(1) Tassenières était une terre allodiale qui se trouvait à la jonction des seigneuries de Vadans, Rahon, Chaussin, Colonne et Poligny, et qui resta longtemps incorporée à la seigneurie de Villers-Robert ; elle n'en fut démembrée qu'ensuite de l'acquisition qu'en fit M. Henrion, de la famille de Visemal-Fallerans ; et MM. de France puis M. Vaulchier du Deschaux en furent les derniers possesseurs féodaux. Par suite d'un arrêt rendu au Parlement de Dole en 1629, les habitants se reconnurent hommes et sujets de Guillemette de Fallerans, et chargés envers elle d'un cens de 18 mesures d'avoine par chaque meix et maison, de 11 sols estevenants et 18 gros pour abonnement à la banalité du four. La dîme appartenait à l'abbaye de St-Jean le Grand d'Autun, — c'était la 17e gerbe. Dans les titres, de 1402 à 1584, Tassenières est écrit « Tarxomètres », « Tauxonnières ». (Rousset).

prenait, au civil, les causes engagées entre roturiers, cette dernière était très sommaire et rapide.

Par la suite ces diverses prérogatives échappèrent au seigneur, qui fut remplacé par les juges royaux jusqu'à la Révolution.

La plupart des sujets du seigneur du Déchaud étaient mainmortables, et spécialement ceux dits du Bois-des-Noues et des Baraques ; cet état leur interdisait de tester, et à défaut d'enfants mâles légitimes, le seigneur héritait des biens du défunt.

A la suite des abus innombrables auxquels l'application de ces droits et privilèges seigneuriaux donnaient lieu depuis longtemps dans toute la France, et après la prise de la Bastille, qui était comme le prologue d'une ère nouvelle pour l'amélioration et le mieux-être des classes dites inférieures, l'Assemblée nationale, sur la demande même de beaucoup de membres de la noblesse et du clergé, abolissait en 1792 toute condition de cens ; déjà les décrets du 4 août 1789 avaient prononcé l'abolition du régime féodal et déclaré rachetables toutes espèces de charges ; on sait que les mode et conditions de ce rachat furent déterminés par les décrets de mai et décembre 1790 et août 1792. A ce sujet, on rapporte que certains détenteurs d'immeubles importants, au Deschaux, grevés de cens, oublièrent d'en verser le prix de rachat, et devinrent ainsi propriétaires définitifs.

LES DERNIERS SEIGNEURS DU DESCHAUX — LA FAMILLE DE VAULCHIER — GÉNÉALOGIE.

On a vu que vers 1536, noble Philippe de Vaulchier,

d'Arlay (1), secrétaire de l'empereur et greffier en chef de son parlement, devint, à la suite d'échange intervenu entre lui et Claude de Gasse, possesseur du domaine ou seigneurie du Deschaux. Dans son dictionnaire historique, édit. 1854, Rousset dit, parlant de Philippe de Vaulchier :

« Ce seigneur fut honoré de plusieurs missions impor-
» tantes. Il mourut sans laisser de postérité de Claude de
» Clerval, son épouse. Pierre Vaulchier, seigneur du Des-
» chaux, après la mort de son frère Philippe, lieutenant
» général du bailliage de Poligny, avait épousé en 1560

(1) D'après Chevalier, cette maison est originaire de Poligny, où Jean Vaulchier vivait en 1440. D'après les traditions de la famille, elle est originaire d'Arlay, où son existence est constatée vers cette époque ; elle y exerçait encore en 1500 des offices de judicature seigneuriale et de finance pour les princes de Châlon, dont Arlay était une des terres les plus considérables. La filiation paraît suivie depuis Jean Vaulchier, qui épousa, en 1410, Françoise de Bracon. Philippe Vaulchier, seigneur de Flacey son arrière-petit-fils, fut anobli ainsi que ses frères et Jean, son père, par l'archiduchesse Marguerite, en 1516 ; devenu greffier en chef du Parlement de Dole, il obtint de Charles-Quint, en 1534, des lettres confirmatives de noblesse pour lui et ses frères : François, lieutenant en la gruerie de Colonne, Etienne, prieur de Ruffey, et Pierre, lieutenant du bailliage de Poligny ; celui-ci continua la postérité. En 1755, Fran-çois-Marie-César, brigadier des armées du roi, fut créé marquis de Vaulchier du Deschaux ; sa descendance subsiste en deux bran-ches.

Il y a eu d'autres branches à Arlay et aux environs; la plus connue, dite de Vaulchier-Granchamp, s'éteignit dans la maison d'Amandre à la fin du xviiie siècle.

Armes : D'azur au chevron d'or accompagné de trois étoiles de même. (Extrait du Nobiliaire de Franche-Comté, par de Lurion. édit. 1890, page 782.)

» Claire Legoux de la Berchère, famille du parlement de
» Bourgogne, dont il eut Philippe.

» Philippe de Vaulchier servit dans les guerres de Flan-
» dres et de Hongrie ; il eut de Marguerite Daniel, son
» épouse, d'une famille noble de Besançon, un fils nommé
» Etienne (1).

» Etienne de Vaulchier, seigneur du Deschaux, fait pri-
» sonnier de guerre en défendant la frontière de notre
» pays, fut obligé de payer une forte rançon ; il épousa,
» en 1612, Anne de Bougne, fille de Guyot de Bougne,
» chevalier, et de Louise de Messey, qui le rendit père de
» Charles.

» Charles de Vaulchier passa une vingtaine d'années en
» Italie, où il servit avec Adrien, son frère, qui y fut tué.
» Il s'allia, en 1655, avec Françoise-Marie Aymond de
» Montespain, dont il eut François-Louis et Gaspard, au-
» teur de la branche dite de Vaulchier-Granchamp.

» François-Louis de Vaulchier, seigneur du Deschaux,
» épousa en 1688 Claude-Nicole du Saix, fille de Marie-
» François du Saix, comte d'Ornans, dont il eut François-
» Marie-César et Adrien-Dominique.

» François-Marie-César, marquis de Vaulchier, créé tel
» par lettres patentes du mois de février 1755, brigadier
» des armées du roi, épousa en 1738 Françoise-Gasparine
» de Poligny, dont il eut Georges-Simon, un autre fils du
» même nom, chanoine de St-Claude et ensuite chevalier

(1) Mathieu Vaulchier, traducteur français, vivait vers 1550. Il
était né à Lons-le-Saunier. Érudit. Traducteur du Commentaire de
la guerre d'Allemagne, de Louis d'Avila. Ce dernier, historien
espagnol, servit sous Charles-Quint comme général et ambas-
sadeur.

» et commandeur de Malte, et une fille chanoinesse à Lons-
» le-Saunier.

» Georges-Simon, l'aîné, marquis de Vaulchier, dernier
» seigneur du Deschaux, chevalier de dévotion de l'ordre
» de St-Jean de Jérusalem, épousa en 1777 Marie-Félicie
» de Terrier-Monciel, dont il eut Louis-René-Simon.

» Louis-René-Simon de Vaulchier, né le 15 février 1780,
» a été successivement, de 1814 à 1830, préfet du Jura,
» de Saône-et-Loire, de la Corrèze, de la Charente et du
» Bas-Rhin ; directeur général des postes et des douanes
» sous le règne de Charles X. Il a épousé, en 1807, Cé-
» leste-Guillemine-Gasparine de Montjustin, et a eu de ce
» mariage deux fils, Louis et Charles-Marie. M. Louis de
» Vaulchier cultive la littérature avec succès. »

Complétons cette généalogie jusqu'à nos jours.

Louis, marquis de Vaulchier, chevalier de l'ordre royal
de la Légion d'honneur, mourut à Nice le 12 janvier 1882.
Son épouse, née de Mauclerc, lui avait donné un fils,
Louis-Anne.

Louis-Anne, marquis de Vaulchier, né à Besançon en
février 1837, habite actuellement Le Deschaux (1). Bon
cavalier, passionné pour le métier militaire, il fut blessé griè-
vement à Héricourt le 16 janvier 1871 ; il avait été nommé
chef de bataillon à Beaune-la-Rolande après le combat du
28 novembre 1870. Chevalier de la Légion d'honneur, il
fait partie de l'Académie de Besançon, et a publié quelques écrits, notamment sur la guerre de 1870. Son épouse,
née de Raincourt, qui vit encore, lui a donné sept enfants,
cinq fils et deux filles :

(1) Louis-Anne, marquis de Vaulchier, est décédé au Deschaux
le 30 septembre 1910.

1° Louis-Mathilde-Joseph, comte de Vaulchier, décédé au Deschaux en 1900, officier de marine démissionnaire ; assez populaire parmi les habitants du Deschaux, il s'occupait de travaux agricoles ; il avait épousé l'une des filles de M. de Longeville, de Lavigny, qui lui a donné quatre enfants, dont trois filles et un fils, Louis, qui est actuellement comte de Vaulchier ; il est le seul enfant mâle de la branche aînée, et est appelé à porter, par la suite, le titre de marquis de Vaulchier ;

2° Jean, vicomte de Vaulchier, ancien militaire, agriculteur à Romange ;

3° Charles de Vaulchier, officier de cavalerie ;

4° Elisabeth de Vaulchier, célibataire ;

5° François de Vaulchier, officier de haras ;

6° Marie de Vaulchier, célibataire ;

7° Albert de Vaulchier, qui se destine à la diplomatie.

LA MISÈRE A DIFFÉRENTES ÉPOQUES — LA DISETTE — LA FAMINE — LES GUERRES — LA LÉGENDE D'ÉPENOTTE

A diverses époques, les guerres et la famine ont ravagé la France. La Comté, bien que ne faisant pas encore partie du royaume de France, au milieu duquel elle se trouvait englobée, n'en subissait pas moins les mêmes conséquences que les provinces françaises circonvoisines.

En 1661 et 1662, les deux récoltes avaient été contrariées par les intempéries, et le royaume était en proie à toutes les misères d'une grande disette. On fit venir des grains de Pologne et de Russie, et on les vendit à bas prix. Paris souffrait. Mais une misère inouïe désolait les provinces.

7

Voici ce qui était dit dans une correspondance de l'époque :
« Le bled, mesure de Paris, a esté vendu 200 escus le muid,
» et tous les jours il renchérit. Les pauvres des champs
» semblent des carcasses déterrées ; la pasture des loups
» est aujourd'hui la nourriture des chrestiens, car quand
» ils tiennent des chevaux, des asnes et d'autres bestes
» mortes et estouffées, ils se repaissent de cette chair cor-
» rompue qui les fait plutost mourir que vivre. Les pau-
» vres de la ville mangent, comme des pourceaux, un peu
» de son destrempé dans de l'eau pure... Enfin la misère
» et la disette se rendent si universelles, qu'on assure que
» la moitié des paysans est réduite à paistre l'herbe, et
» qu'il y a peu de chemins qui ne soient bordés de corps
» morts. »

Le Deschaux eut sa part de ces calamités ; on rapporte
qu'à la suite de cette disette, la population, qui était de
4 à 500 habitants, diminua de plus de moitié. Il est non
moins probable que les guerres soutenues par l'Espagne
contre la France contribuèrent aussi à la dépopulation.
Vers l'époque de la première conquête de la Franche-
Comté, les Français de passage ici assiégèrent le château
du Deschaux, qui se défendit héroïquement ; les assié-
geants étaient campés aux alentours, attendant le moment
propice pour l'assaut. Au côté sud-ouest des dépendances
du château, se trouvait une madone à l'ombre d'un fort
buisson d'épines ; à ses pieds s'échappait une petite source
d'une eau belle et limpide, à laquelle les soldats allaient
se désaltérer. Soit volontairement, soit autrement, un soir
un soldat fit tomber la madone, qui fut réduite en morceaux. Pendant la nuit, les eaux de la fontaine débordèrent
et tous les soldats campés aux alentours furent noyés. Cet

incident, dit la légende, fut interprété comme un événement surnaturel par le chef français, qui leva le siège peu après. On ajoute même — mais ceci n'est pas garanti sur parchemins — que la madone fut retrouvée entière quelque temps après dans l'église de Villers-Robert. La fontaine en question existe encore aujourd'hui ; elle est entourée de parois murées, on l'appelle la Fontaine d'Epenotte. Un lieudit porte aussi à cet endroit le nom d'Es-penottes.

Les guerres et la disette de 1661 et années suivantes avaient appauvri la France. En 1700, époque où la Franche-Comté était devenue province française, toutes les économies, les réserves de l'Etat étaient épuisées. Il fallait aviser. On ordonna la refonte des monnaies ; on fit des emprunts, des loteries. On organisa le rachat des impôts par les contribuables en payant un capital de quinze fois la redevance. Toutes ces combinaisons ne donnaient pas les résultats attendus.

La France était de plus de plus en proie aux fléaux de la guerre, de la disette et du froid. En janvier 1709, un froid rigoureux et subit succédait à une température douce et printanière ; les arbres étaient en sève. Tous les produits de la campagne, arbres, blés, périrent. Les étangs de la région se desséchèrent ; la rivière n'avait plus d'eau, et le moulin ne pouvait plus réduire en farine le peu de grains que possédaient les plus riches ; quant aux pauvres, on juge de ce que devait être leur misère, ils vivaient de pain d'orge et d'avoine. Tous ceux qui détenaient des grains, farines ou légumes, devaient en faire la déclaration, sous des peines diverses, portées jusqu'à la mort. Le sel, si indispensable à la santé, était d'une rareté et par suite d'un prix exorbitants ; on le payait encore en 1794 10 sols le

pain, qui pesait environ 5oo grammes ; on le prenait à
Salins ; l'entreprise du charroi se mettait aux enchères.
(Arch. municip. du Deschaux.)

LES AUTRICHIENS EN FRANCE. 1814

A des époques plus rapprochées de nous, la population
du Deschaux a connu les méfaits du fléau de la guerre. En
juin 1814, les Autrichiens foulaient notre territoire, venant
chez nous au nom de toute l'Europe, répondre aux défaites
et aux provocations qui leur avaient été prodiguées par le
« grand Napoléon », l'auteur responsable de tant de deuils
et de ruines. La commune du Deschaux avait dû faire face
aux réquisitions pressantes et importantes du général au-
trichien ; après l'évacuation des troupes, celles des communes voisines exemptes de réquisitions durent dédommager un peu le Deschaux ; les deux communes de Gatey
et Pleure restituèrent ensemble 6oo rations de foin, 6oo
rations de vin, 6oo rations de viande, 4oo rations de
paille, 4oo rations d'avoine. L'année suivante, en 1815,
une somme de 392 fr. 8o fut répartie à ceux des habitants les
plus éprouvés par l'invasion. (Archives municip. du
Deschaux).

1870-1871

Les Allemands séjournèrent au Deschaux pendant une
vingtaine de jours en janvier-février 1871 ; beaucoup de
personnes ont encore à l'esprit l'impression de terreur qui
s'emparait des plus intrépides en voyant arriver les Prus-
siens qu'on appelait les « casques-à-pointes » rapport à
leurs coiffures ; mais notre population n'eut pas à enre-

gistrer de scènes comme celles qui se produisirent à la
frontière au début de la guerre ; on eut à constater, cependant, les décès de beaucoup de soldats du pays, morts à
l'armée, et aussi beaucoup d'ennuis et de pertes pour notre
commune.

LA ROUTE ROYALE

Jusqu'en 1700, Le Deschaux était composé des groupes
éparpillés des Noues, de Lioutre, des Baraques, des
Granges et du Carrouge ; à cette époque, l'endroit qui
forme le centre actuel du Deschaux n'était pas habité ;
mais la route royale qui fut tracée vers 1680 et qui traverse sur le pont de pierre la rivière l'Orain, eut pour
effet d'attirer à sa proximité les habitants de ces hameaux,
principalement ceux des Noues et de Lioutre ; petit à petit,
ils abandonnèrent leurs demeures premières pour venir
s'établir le long de la route ; ainsi se forma le centre du
Deschaux actuel, le Grand-Deschaux. Cependant, ce transport ne se fit pas du jour au lendemain, puisqu'en 1825,
il existait encore 64 maisons aux Noues ; le plus grand
déplacement se fit après la Révolution, alors qu'une certaine partie du territoire fut transformée en bien communal et attribuée au village du Deschaux.

C'est Colbert, l'un des plus grands ministres qui ait
droit à notre reconnaissance, qui ordonna, avec beaucoup
d'autres tracés, celui de la route qui traverse le territoire
du Deschaux du Nord au Sud. Il fut commencé vers 1680
aussitôt après que la Franche-Comté fut définitivement
devenue française. Ce ministre intelligent et travailleur
prévoyait la grande utilité des chemins et des routes, surtout pour l'agriculture et le commerce qu'il cherchait à en-

courager par tous les moyens. Dans un mémoire qu'il intitula son Testament, il exposait à son roi Louis XIV « que le labourage étant la plus grande richesse de l'Etat, c'était à sa majesté à user de tout son pouvoir pour non seulement l'entretenir mais encore à le rendre plus abondant ». Colbert constatait que beaucoup de terres du royaume demeuraient incultes par la misère des peuples qui n'avaient ni les bestiaux pour les engraisser, ni les autres moyens pour les faire valoir ; il réclamait la diminution des tailles, la suppression des corvées, et préconisait des prêts d'argent au peuple des champs « pour avoir des vaches et des moutons » ; il reconnaissait la nécessité de travailler à l'amélioration des races chevalines, à la création de haras » de sorte qu'il ne soit plus besoin d'aller en Suisse et en Allemagne pour se procurer les chevaux qui manquent, ceux des laboureurs étant si chétifs qu'à peine ils peuvent égratigner la terre ». Pour encourager la noblesse à se livrer aux travaux agricoles, Colbert obtint de son roi que « tout gentilhomme qui cultiverait ses terres jouirait d'une pension » ; il fit également décider que toute famille d'hommes taillables qui compterait douze enfants obtiendrait une allocation annuelle de 1.000 livres. (M. P. Clément. — Surintendants et contrôleurs généraux etc.) Malgré les bienfaits énormes qu'il répandit, Colbert mourut impopulaire et presque disgrâcié ; mais la postérité a réhabilité sa mémoire.

La route royale était un grand avantage et un immense progrès ; elle permettrait de communiquer avec les pays voisins, et d'augmenter les rares affaires d'alors ; elle facilitait surtout les achats ou échanges auprès des marchands qui traversaient périodiquement la région avec des mar-

chandises de toute sorte. Avant la création de cette grande
voie, les groupes du Deschaux n'avaient à leur disposition
que des sentiers ; un seul beau chemin, s'il est permis
d'employer ce qualificatif de beau, traversait cette région,
il passait aux Noues, venant de la Montagne pour se·di-
riger sur la vallée du Doubs ; il était usité surtout par
les Montagnards qui apportaient en Bourgogne, au finage,
les produits de leurs travaux de boissellerie, futailles, cu·
veaux et autres ; on trouve ici des traces de cet ancien
chemin qui se dirige dans les bois de Gâtey, puis sur
Asnans et Neublans ; il porte encore un nom significatif,
le chemin des Montagnons.

AVANT LA RÉVOLUTION

Avant 1789, la vie était ici comme partout ailleurs ;
d'un côté les favorisés du sort, les maîtres avec leurs privilèges, et de l'autre côté les roturiers, les manants, le
peuple et sa glèbe. Cependant, il est juste de remarquer
que l'ensemble de la population du Deschaux supportait,
avec assez de patience et de philosophie, cet état de choses,
et que les événements libérateurs de la période 1789-1793
emportèrent avec eux tous ressentiments qui auraient pu
exister dans le cœur des habitants contre les seigneurs du
lieu. On verra plus loin qu'en 1793 ces derniers qui
n'avaient pas suivi l'exemple donné par toute la noblesse
en émigrant, furent arrêtés comme suspects, mais relâchés
à la suite d'une pétition de tous les habitants.

L'ADMINISTRATION COMMUNALE
LES ECHEVINS

La communauté (1) du Déchaud était administrée par le maire appelé aussi échevin ; il était nommé par le seigneur ; cette fonction devenue presque héréditaire se transmettait de père en fils. Parmi les noms des plus anciens échevins qui ont été transmis, on trouve ceux de Poty et Maître.

LE MOULIN BANAL. SES FERMIERS

Le moulin banal, propriété du seigneur du Déchaud où chacun était tenu de porter moudre ses grains, fut géré depuis sa création jusqu'à la Révolution, c'est à dire pendant 2 siècles et demi environ, par le sieur Cour et ses descendants. Au moment de la Révolution et à la suite de la suppression de toutes banalités, pour récompenser le fermier Cour de ses bons services tant de lui que de ses ancêtres au moulin, et l'indemniser des petits profits qui lui échappaient, le seigneur du Déchaud lui fit don d'une maison et de ses dépendances. Par la suite, vers 1845, le propriétaire vendit à la commune du Deschaux cet immeuble qui, restauré, sert depuis et encore actuellement de presbytère.

On a prétendu qu'entre l'an 1400 et l'an 1500 un mou-

(1) Le mot « Commune », autrefois, désignait non le corps moral des habitants, mais les bois et pâtis à leur usage ; le corps moral était appelé « Communauté ». La constitution de 1791 est la première loi qui ait attribué la qualification de « Commune » à une réunion territoriale.

lin existait au Bois des Noues, précisément à l'endroit où
la rivière était traversée sur un gué par le chemin des
Montagnons, mais rien n'est moins sûr que cette prétention. Si ce moulin eût existé, sa faible distance du château
de Lioutre l'eût fait conserver pour servir de moulin
banal au lieu d'en établir un près des Granges, à l'emplacement où il se trouve encore actuellement.

LA PAROISSE. LA « PLANCHE ».
LA RUE BAPTISOT. LE « PONT BOSSU »

Avant 1700, il n'y avait qu'une chapelle à Villers-
Robert ; c'est à ce moment que l'église fut construite. La
paroisse comprenait les trois communautés de Villers-
Robert, Seligney et Le Déchaud ; la plupart des habitants
des groupements du Grand-Déchaud fréquentaient l'église
de Villers-Robert ; ceux des Granges, du Carrouge et des
Noues passaient la rivière en se mettant à l'eau ; vers
1700, une passerelle fut établie ; elle fut bien des fois em-
portée par les eaux, mais toujours réparée ; elle existe
encore maintenant sous le nom de Pont de la Planche. A
ce sujet, « le 20 prairial, troisième année de la République
une et indivisible, le Conseil général de la municipalité,
sur la réquisition de Charles Bonnin, procureur de la
commune, décidait de reconstruire le ponton démoli à
l'endroit où il était avant l'inondation dernière, afin de
faciliter la communication des habitants du Deschaux à
ceux de Villers-Robert et autres communes voisines ;
décidant que l'entreprise se traiterait au rabais et que les
pièces de bois seraient prises dans les bois communaux ».
(Archives municip. du Deschaux).

Les habitants des Baraques fréquentaient l'église de Tassenières ainsi que l'attestent les registres de l'état-civil tenus par le curé de cette paroisse ; de 1634 à 1737 on trouve comme naissances au Déchaud les noms de Vincent, Brenot, Gay, Pesmes, Dumont, Labouriaux, Monamy, etc... (1).

Pour se rendre à l'église de Villers-Robert, les habitants des Noues et du quartier qu'on appelle aujourd'hui le Vanolet (2) passaient par un petit chemin qui bordait le domaine du château auprès de l'endroit ou se trouvent actuellement les jardins ; l'emplacement de ce chemin a été annexé depuis aux dépendances du château par suite d'échange avec la commune du Deschaux, on l'appelait chemin Baptisot, de Baptême, baptiser, parceque l'on passait par là pour aller baptiser à Villers-Robert ; ce

(1) En 1841, Rousset dit : Tassenières dépendait de la paroisse de Colonne. Il y avait une chapelle dédiée à St-Genest qui fut bâtie au XVIe siècle. St-Genest passait pour avoir le don de guérir les rhumatisants et les goutteux. L'église paroissiale, dont l'architecture n'offre rien de curieux, n'a pas plus de 150 ans ; mais celle qui l'a précédée devait être ancienne ; sur l'une des cloches fondue depuis 1830, on lisait, avec le millésime de 1581 :

> Guillemette me appelle.
> Cinq cents livres poise.
> Pour marraine prens
> Guillemette de Fallerans.

(2) Le mot Vanolet est tiré de Vannelet ; on en fit par la suite en amputant l'un des N et en transformant l'e en o par une prononciation vicieuse, le mot Vanolet. Vannelet désignait un terrain marécageux, sorte de petit lac où les seigneurs qui exerçaient seuls le droit de chasse, y trouvaient toujours à une certaine époque de l'année beaucoup de vanneaux ; mais ces oiseaux étaient, paraît-il, d'une variété très petite, de là leur nom de Vannelet.

chemin traversait la rivière sur un petit pont appelé Pont bossu. Ces chemin et pont sont supprimés depuis long-temps, mais bien des personnes en ont connaissance par la tradition. — Très anciennement, Villers-Robert dépen-dait de la paroisse de Souvans. Il y avait dans le village une ancienne chapelle dédiée à la Nativité de Notre-Dame, elle fut érigée en succursale par un décret du 16 juin 1700. L'église actuelle a été bâtie en 1834. (Rousset).

LES CHEMINS AVANT LA RÉVOLUTION

Au fur et à mesure que le centre ou Grand-Déchaud se peuplait, la nécessité s'imposait de tracer des chemins propices pour la communication des divers groupements entre eux et entre les communes voisines.

C'est vers 1783 que fut tracée la route du Deschaux à Chaussin ; avant cette date, c'était une voix praticable seu-lement pendant les temps secs. Vers 1795 les habitants réunis en assemblée, classaient comme chemins utiles à la communication entre les divers hameaux du Deschaux, les chemins ci-après, ainsi qu'il résulte d'un document de l'époque :

Le chemin dit « de Chaussin », qui commençait à la croix de Lioutre, passait à Lioutre et aux Noues, et allait à Chaussin et Gâtey.

Le chemin de Pleure, qui prenait au chemin de Chaus-sin, pour aller aux Noues et à Pleure.

Le chemin dit « des Fougères » qui prenait aussi au chemin de Chaussin, passait à la Fragnusse et les Coupis, pour aller à Neublans et à Pierre.

Le chemin dit « des Bonnins » allant de la Fragnusse à une partie des Noues, par le chemin de Pleure.

Le chemin du Thuillat allant de la route royale à une partie de Lioutre.

Le chemin dit « le Collat » naissant à la croix de Lioutre, desservant la prairie, le Bois des Noues, la Mare Oudot.

Le chemin dit « Champbourgeon », prenant naissance à la route pour passer par les Genêtres et aller finir à la chaussée de Champbourgeon.

Le chemin dit « de Rahon », prenant à la route royale pour aller aux Granges et à Rahon.

Le chemin dit « de Balessaux », prenant à la route et allant aux Granges et ensuite à Balessaux.

Le chemin dit « de l'Etanget », prenait naissance à la route dans le milieu du village du Deschaux, passe à l'Etang jet, la partie septentrionale des Noues pour finir sur le chemin dit de Chaussin.

Le chemin dit des « Courtes bottes ou 4 bottes », allant de la route desservant la prairie ; c'était le principal chemin du Deschaux et des Granges pour aller à l'église de Villers-Robert, la paroisse.

Le chemin dit « du Petit-Deschaux », commençant à la chaussée de Bief-le-don, allant à St-Baraing et autres lieux, en passant par le Petit-Deschaux.

Le chemin dit de « Chêne-Bernard », prenant naissance à la Route où celui du Thuillat commence, passant par le bois des Genêtres, desservant plusieurs maisons des Noues, passant par le bois de Longwy et conduisant à Chêne-Bernard.

Le chemin de Lioutre à la prairie, prenant naissance au Bief languet, et desservant la prairie de Lioutre.

La plupart de ces chemins existent encore, quelques-uns peut être sous une autre dénomination.

LA RUE DU MIRACLE

Un chemin dont il n'est pas question dans cette nomenclature, c'est celui prenant naissance actuellement à la route, contre l'église, pour descendre au Pont de la planche sur la rivière, et regagner ensuite la route ; on le désigne du nom de Rue du Miracle. Ce chemin, pratiqué dès avant la Révolution, sinon par les attelages, du moins par les piétons, a tiré son nom de circonstances et de faits qui n'ont pourtant rien de surnaturel. On a vu précédemment que précisément près de cet endroit se trouvait la Pommeraie ou le verger des seigneurs du lieu ; cet endroit était très favorable aux rendez-vous, et les complots qui s'y tramaient n'avaient rien de dangereux ni d'inquiétant pour les maîtres du pouvoir d'alors, au contraire, puisque l'on y travaillait discrètement pour la grandeur de la patrie, ou tout au moins pour sa repopulation ; en effet, souvent, très souvent même, après avoir ramassé des pommes en cachette, on en croquait dans le sens de la chanson, bien entendu sans la permission du curé qui avait seul, alors, le droit de procéder au mariage. On rapporte qu'avant la Révolution, la moitié au moins des naissances avaient lieu hors mariage ; on disait, par moquerie, qu'une naissance dans ces conditions était un « miracle », et comme le miracle avait commencé à être ébauché dans ou proche de cette ruelle ou passage, on lui donna le nom de « rue du Miracle », nom qu'elle porte encore aujourd'hui.

LA RÉVOLUTION DE 1789.
ÉVÉNEMENTS DIVERS

Il n'apparaît pas que les habitants du Deschaux aient apporté à cette époque le grand empressement et l'énergie inébranlable qui furent déployés dans toute la France pour la rédaction des cahiers de doléances ; ce sont cependant les cahiers de ces plaintes, représentations et vœux qui allaient montrer aux Etats généraux de 1789 les désirs du pays, en un mot refléter l'esprit public. Tout le monde était d'accord pour reconnaître la nécessité d'apporter des modifications importantes dans le régime et les institutions, et qu'il y avait des abus à supprimer, des lois libérales à établir. Il est incontestable que ceux-là même qui préconisèrent ces changements d'état de choses ne prévoyaient pas la pente vertigineuse où allaient les entraîner les évènements de ces temps mémorables qui s'appellent « La Révolution Française ».

Durant la Révolution, aucun excès ou acte de violence n'est à signaler à l'égard de la noblesse du lieu ; les habitants se bornaient à envisager, sans emportement ni impatience, le nouvel état de choses, et à retirer tous les avantages et le bien être qu'il leur apportait ; oubliant vite, dans l'espoir du mieux-être entrevu, les misères et les humiliations du passé.

Les Etats généraux de 1789 d'abord constitués en Assemblée nationale le 7 juin 1789, changèrent ce nom pour celui d'Assemblée Constituante le 23 juin 1789 ; l'assemblée mérita bien ce titre de Constituante en proclamant la Déclaration des Droits de l'Homme et en votant la Constitution de 1791.

C'est la Constituante qui a aboli les privilèges féodaux, proclamé la Souveraineté nationale, la séparation des pouvoirs législatif, exécutif et judiciaire, l'admissibilité de tous les citoyens aux emplois publics, leur égalité devant la loi, la liberté des cultes ; c'est la Constituante qui institua les actes de l'état-civil, divisa la France en départements, organisa les communes et les municipalités, réforma la magistrature, le système des impôts. Elle fut remplacée par l'Assemblée législative le 30 septembre 1791 (1).

CRÉATION DE LA MUNICIPALITÉ DU DESCHAUX

Se conformant aux décisions de l'Assemblée Nationale Constituante qui avaient aboli les anciennes provinces, et institué à leur place 83 départements subdivisés en districts, en cantons et en communes, les habitants du Deschaux s'occupèrent d'organiser la municipalité à laquelle ils avaient droit, d'après le chiffre de la population. Voici la teneur, puisée aux archives municipales du Deschaux, du procès-verbal de la délibération constatant la création de cette municipalité :

(1) Il serait inaxact de croire que, seuls les représentants du Tiers-état demandaient des réformes ; parmi beaucoup d'autres membres de la noblesse et du clergé, on peut citer : le Vicomte de Noailles, le duc d'Aiguillon, qui demandaient la suppression des droits féodaux ; M. de Lubersac, évêque de Chartres, qui proposa l'abolition du droit exclusif de la chasse ; le duc du Châtelet, qui proposait la suppression des dîmes, et de les rendre rachetables. — L'évêque d'Autun, Talleyrand, soumettait à l'assemblée une proposition tendant à ordonner que les biens du clergé seraient déclarés propriétés nationales, et à ce titre, réunis au domaine public.

« L'an 1790, le   e   ar du mois de janvier, après midy,
a comparut le sieur Pierre Aimey, échevin en exercice de
la communauté du Dêschaux, Lyoutre et les Granges,
lequel a dit avoir convoqué l'assemblée des habitants dud.
lieu tant à leur domicile qu'au son de la cloche à la manière accoutumée sur la place publique dudit lieu d'où on
s'est retiré en la maison du sʳ J. B. menestrier père à
cause de la rigueur de la saison (1), à l'effet d'exécuter les
lettres patentes du roy à raisons et instructions de l'assemblée nationale y annexée du 14 décembre dernier a luy
adressée en qualité d'échevin, lesquels il a produit a laditte assemblée pour qu'il en soit fait lecture, et procéder
aux élections qui sont ordonnées.

» Se sont à l'instant présentés : Dominique Gay, Philippe
Cour, Jean-Claude Poty, Philibert Aimey, Claude Poty
le jeune, Anatoile Curie, Nicolas Lorent, Claude-François
Michelet, Pierre Curie, Pierre Guyénot, Pierre Phelebon,
Gaspard Gautheron, Jean-Claude Poty le vieil, Claude
Dominey, Claude-François Gateau, Jean-Claude Four-
nier, François Aimey, Abraham Maître, Claude Cusey
le vieil, Claude Aimey, Antoine Gâteau, Pierre Get, Claude
Gateau, Claude David le vieil, Jean-Claude Aimey, Fran-
çois Aimey le jeune, Nicolas Gay, Claude Poty le vieil,
Claude-Denis David, Claude David le jeune, Antoine Cour,
François Poty, Claude-François Gateau le jeune, Jacques
Fougère, Charles Millot, Pierre Vincent, Antoine Bel-
perron, Pierre Curie le jeune, Claude-Antoine Curie le
jeune et Charles Menestrier.

(1) Avant la construction de la maison commune, les réunions
se faisaient dans les maisons particulières désignées à tour de rôle
à chaque séance, pour celle à venir.

» Touts nés français agés de 25 ans comprits dans les rôles des impositions des habitants de laditte communauté du Deschaux, composée de 73 feux, les familles étant tant d'hommes, garçons, femmes et filles au nombre de 374 personnes non compris ceux dit du bois des Noues qui sont censitaires à Mr Du Dêschaux (1).

» Lesquels pour obéir aux ordres de sa De majesté et pour satisfaire ès decrets de l'assemblée nationale ainsi qu'aux lettres patantes du roy du 6 janvier dernier, tous les habitants ont été requis par l'échevin de pretter le serment ordonné par Mr le président cy après dénommés comme luy même l'ayant fait en présence de la commune assemblée, ce a quoy ils ont satisfaits. Lesds habitants après avoir ouï la lecture des décrets de l'assemblée nationâle qui ordonne la création de la municipalité, ainsi que des lettres et patantes ils ont dit en avoir bonnes connoissances et allaient aussytot procéder à l'élection d'un président pour les diriger dans laditte assemblée.

» 1° Après avoir fait placer les trois plus anciens lettrés qui sont Charles Millot, Abraham Maitre, Jean-Claude Poty, lesquels ont procédé à l'élection d'un président au scrutin à la pluralité relative des suffrages et après avoir reçuts des votants le nombre des billets au scrutin ils se sont trouvés égaux à la quantité de personnes, et ensuitte

(1) Il est facile de déduire de ces derniers mots « non comprits ceux dits du Bois des Noues qui sont censitaires à Mr du Dêschaux », que les autres groupements formant la communauté du Dêschaux n'étaient pas censitaires dud. Mr du Deschaux ; ce hameau des Noues était encore important en 1825, puisqu'un document de cette date porte « qu'il était composé de 64 maisons tournant en demi-cercle et qui occupe près de la moitié du territoire du Deschaux à son occident. »

le récensement et dépouillement desd. billets faits ils se sont trouvés à la faveur dud. François Aimey fils de Claude-Pierre, qui a été élut président, ensuite par l'échevin proclamé tel, lequel a accepté lad. charge.

» 2° Il a été ensuitte procédé à l'élection du secrétaire et après avoir conté les suffrages ils se sont trouvés à la faveur de Charles Menestrier, qui a été élut secrétaire et accepté lad. charge.

» 3° M[r] le Président ainsy que le secrétaire ayant été luts, pour obéir conformément aux lettres et patantes du roy ainsi qu'au décret de l'assemblée nationale qui parle des dispositions relatives aux municipalités, donnés à Paris au mois de janvier 1790 qui ordonne la prestation de serment comme s'ensuit, se sont mis au milieu de la sâle, présence de l'assemblée, et ont le chapeau bas, à haute et intelligible voix, dit ces paroles : « Nous jurons... 4° de main-» tenir de tout notre pouvoir la constitution du royaume, » d'être fidels à la nation a la loi et au roy, de choisir en » nos âmes et consciences les plus dignes de la con-» fiance publique et de remplir avec zèle et courage » les fonctions civiles et politiques qui pourront nous être » confiés. »

» 5° et instamment le s[r] président a appelés tout ceux des votants et éligibles pour la prestation de serment avant aucune autre opération et y ont tous satisfaits comme plus haut art. 4°.

» 6° Et il a été aussi procédé à l'élection de trois scrutateurs par un seul scrutin, et après avoir dépouillé le recensement des billets ils se sont trouvés à la faveur de Pierre Get, Claude David le vieil et Claude-F. Gateau le vieil, lesquels ont été êluts scrutateurs et proclamés tels surquoy

le s^r Aimey a demandé acte de sa diligence et de la com-
parution des habitants et deffaut contre ceux qui n'ont
point comparuts quoy que duement été appelés et requis
qui sont Claude-Luc Poty, Pierre Poty, Claude Pesme,
Claude Cusey le jeune, Vincent Vallet, Sébastien Aimey,
Claude-François Vincent, plusieurs pour cause de maladie.

» 7° Nous président de l'assemblée donnons acte au s^r
P. Aimey de sa diligence ainsy qu'aux habitants de leurs
comparutions et deffaut contre les cy-devant dénommés
pour n'être pas comparuts quoyque avertis.

» 8° A la demande des habitants avons vériffiés les articles
de la taille (1) sur la présentation des rôles de l'an dernier
pour connaître et distinguer ceux qui doivent voter et qui
payent la somme fixé en l'article 4 estimés parmy nous
3 fr., qui sont au nombre de 30, et ceux éligibles et qui se
sont trouvés au nombre de 23 qui payent la somme de
10 fr. et au-dessus, ces deux fixations étant le résultat de
la délibération prise à ce sujet avant aucune opération par
touts les habitants desds trois endroits Le Deschaux,
Lyoutre et Les Granges, à vûe des rôles de toutes impositions; les choses étant ainsy, la séance tenante, il a été
procédé par le scrutin individuel à l'élection dud. maire et
les billets dépouillés par les scrutateurs, la pluralité absolue s'est réunie au premier tour en faveur de François
Poty desd. Granges, qui a eté proclamé tel.

ь Et de suitte ayant passé au choix des deux autres membres de la municipalité par scrutin de liste double, la pluralité absolue s'est réunie au premier tour sur Claude Cusey
le vieil, et fr. p. Aimey, qui ont été proclamés tel.

(1) Chiffre des impôts dus par les contribuables.

» passant de la à l'établissement du procureur de la commune dans la même forme, la pluralité absolue des suffrages s'est réunie sur françois Aimey de Lyoutre qui a été proclamé tel.

» finalement il a été procédés à l'élection de six notables par la voye du scrutin de liste a la pluralité relative des suffrages qui se sont trouvés favoriser Charles Millot, Antoine Gateau, Claude Curie le jeune, Claude-Denis David, Philippe Cour et Pierre Curie, qui ont été proclamés tels.

» D'après ces élections le sr Président avant de lever la séance a avertis le sr Maire et les autres membres du Corps municipal et le procureur de la commune de pretter le serment, présence de la commune assemblée, en les termes cy-devant énoncés art. 4, ce que ils ont instamment fait, surquoy ledit président autant qu'il dépend de luy les a envoyés en possession de leurs places avec deffense à qui que ce soit de les y troubler à peine de crime de lèze nation, dont acte clos et arrettée lesd. jour et an susd., lesd. habitants sachant écrire se sont soussignés, les autres ne signant, les uns et les autres après avoir ouï à haute et intelligible voix ils ont déclaré qu'elle contenoit vérité et ont signés, et instamment le sr président, ce qui a été unanimement approuvé que la liste des élections, les noms des éligibles, ensemble l'ordre des proclamations et la quantité des suffrages sur chaque individus, resteront joint au présent procès-verbal et serat enregistré ensuite de la municipalité sur le registre d'ordre pour perpétuel mémoire. Signé, par extrait, Menestrier, secrétaire. »

PERSONNES ÉLIGIBLES EN 1790
LES NOTABLES

Comme suite de cette pièce, voici la liste des habitants qui, en l'année 1790, étaient éligibles au Dêschaux :

M. le Marquis du Deschaux, François Poty, maire, Claude Cusey le vieil, municipal, Pierre Aimey id, François Aimey, procureur, Charles Millot, notable (1), Antoine Gateau id, Claude Curie le jeune id, Claude-Denis David id, Philippe Cour id, Pierre Curie id, Philibert Aimey, Charles Maitre, Jacques Fougère, Charles Menestrier, Claude-François Gateau le jeune, Claude David le jeune, Antoine Cour, Claude-François Michelet, Claude-François Gateau le vieil, Jean-Claude Poty, Claude-Luc Poty, Pierre Poty. Total : 23 éligibles.

Le hameau des Noues ayant été négligé complètement lors de la création de la municipalité, les habitants rédigèrent un mémoire tendant à faire annuler l'élection de janvier 1790 à laquelle ils n'avaient pas concouru ; une ordonnance du 7 octobre 1791 leur donna gain de cause en annulant « l'élection des officiers municipaux du 24 janvier, déclarant que cette élection tiendra jusqu'au dimanche après la St-Martin, époque à laquelle elle sera renouvelée en entier dans une assemblée à laquelle tous les hameaux seront appelés par devant le commissaire du district authorisé à prendre main forte. Les officiers municipaux et procureur de la commune condamnés aux dépens ». (Archives départementales du Jura).

(1) Ici les notables étaient les principaux habitants de la commune qui avaient droit d'élection et d'éligibilité aux fonctions municipales.

Cette éviction des habitants des Noues paraît au moins osée de la part des autres groupes du Deschaux, alors qu'il est démontré que les colons des Noues furent par leur nombre et à la suite des circonstances que l'on sait, les fondateurs du Deschaux.

L'année suivante, en 1791, les procureurs des hameaux des Granges et des Noues se désistaient de leurs fonctions qu'ils exerçaient dans leurs quartiers respectifs avant la création de la municipalité, en faveur du procureur de la commune du Dêschaux proprement dit, et ce, par un acte passé devant Me Aimey, notaire à Villers-Robert, en date du 2 décembre 1791. A partir de ce moment tous les hameaux et quartiers dits des Granges, de Lioutre, des Noues, des Baraques et du Carouge étaient réunis pour ne former qu'une seule commune dont la direction partait du groupement du centre devenu rapidement très important : le Grand-Déchaux.

Pour la suite de ce travail, j'adopterai l'ordre chronologique qui me paraît le mieux répondre pour la révision des dernières matières que cette partie doit comporter.

ORGANISATIONS et ATTRIBUTIONS DIVERSES

Le Conseil nommait tous les ans les messiers, dont le rôle et les charges équivalaient à celles de nos gardes-champêtres actuels ; généralement ils étaient deux pour faire la police des propriétés rurales. On trouve comme messiers en exercice en 1789-1790 les noms de Jacques Fougère, Claude Curie, Jean-Claude Guyenot, etc. Il leur était alloué 100 fr. par an, plus 20 fr. pour tambour.

La police intérieure était exercée par la garde nationale,

faisant office de force armée ; elle appliquait les règlements en vigueur, mais pas toujours bien respectés ; la surveillance des lieux publics était déjà bien pratiquée, comme le constate le rapport suivant :

« L'an 1790, le 8e jour du mois de décembre, la garde
» nationale du Dêschaux faisant patrouille par ordre de la
» municipalité vers les 10 h. du soir, aurait fait rapport
» que led. jour étant entré au domicile de Philippe Cour,
» aubergiste et au poêle, ils ont trouvé plusieurs personnes
» du Bois des Noues du Dêschaux et autres qui sont
» Claude-François Brenot, Charles Bonnin, Jacques La-
» bouriau, Alexis Guillemin, qui buvoient et mangeoient
» la table garnie d'une nappe, plusieurs bouteilles, pain,
» vin et viande, et ayant demandé audit Cour pourquoy
» il ne renvoyait pas ce monde là plustot, qu'ils étaient
» déjà venu plusieurs fois leur dire de s'en aller, ils ont
» répondu que la rettraite n'était pas battue et qu'il n'était
» pas temps de s'en aller, ceux faisants patrouille se sont
» retirés pour aller à d'autres cabarets et ensuitte se sont
» retirés à leurs corps de garde ; mais ceux cy, environ
» onze heures et demye, ont passé devant le corps de garde
» faisant et réitérants plusieurs hüées en insultant lad.
» patrouille, ce qui est contre la police et le bon ordre ;
» aux rapports de Claude Curie, Claude Poty le vieil,
» Pierre Belperron, Pierre Curie fils, qui ont signé. »

La garde nationale avait été instituée en 1790 ; elle comprenait tous les citoyens valides de 16 à 60 ans. Elle servait à faire la police et à maintenir l'ordre. Licenciée, elle fut réorganisée au Deschaux en 1832, «en vue du controle général du service ordinaire de la commune » ; elle comprenait les citoyens âgés de 20 ans et au-dessus. En 1870, elle subit encore une nouvelle réglementation.

Parmi d'autres attributions, le Conseil général de la commune, aidé d'administrateurs des communes voisines, selon le mode d'alors, fixait les impôts à fournir en proportion du chiffre à faire produire au canton, désignait les conscrits qui devaient partir pour l'armée, procédait aux remplacements ; ce n'était pas le sort qui décidait, mais l'âge ; il fallait avoir 20 ans révolus pour être porté sur la liste, et sur celle-ci on prenait, en commençant par les plus jeunes, le nombre exigé pour le canton.

Le Procureur de la commune était chargé de la surveillance des intérêts de toute la commune ; il poursuivait la répression de tous les délits ou infractions portés à sa connaissance.

Jusqu'à l'apparition des chemins de fer dans notre région, les diligences sillonnaient la route ; il existait un relai de poste ici. M. Olivier, ancien instituteur, fut nommé maître de postes. Les rouliers procuraient un fort mouvement d'affaires au Deschaux, où ils s'arrêtaient. En même temps que disparurent diligences et rouliers, vers 1868, la gendarmerie, ici depuis 1826, s'en allait à Chaussin. Ce départ marquait le commencement de la diminution de notre population, diminution qui n'a fait que s'accentuer jusqu'à ce jour.

DÉLIMITATION DU TERRITOIRE
DU DESCHAUX — PARTAGE DES COMMUNAUX

Avant 1790, le territoire n'était pas classé ; c'est à ce moment et en exécution du décret-loi du 1er décembre 1790 que furent délimitées et dénommées définitivement les sections principales dont on retrouve les traces au cadastre : 1re section, la Mare-Oudot; 2e, la Pommeray ; 3e, le Sette ; 4e, les Vernes ; 5e, les Pillons ; 6e; les Genêtres ; 7e, au Champrechief; 8e, Prairie d'Amont ; 9e, Prairie d'Aval.

Les bois communaux, délimités et arpentés en 1823 par le géomètre Caron, comprenaient : Les Assiettes, 32 hectares, 99 ares, 16 centiares ; Les Assiettes, 65 hectares, 78 ares, 40 centiares ; Les Vernes, 17 hectares, 42 ares ; Chenée d'Aval, 2 hectares, 37 ares ; Queue de l'Etang de la Ville, 3 hectares, 48 ares (dont partie est défrichée); Les Genêtres, 11 hectares, 99 ares, 50 centiares. (Archives municipales.)

Les biens communaux furent partagés à la suite d'une décision du Conseil de la commune des 25 pluviôse et 20 ventôse, an second de la République, une, indivisible et démocratique (janvier et février 1794). Une part fut faite pour la commune, et le reste fut attribué à toutes les familles par sections et d'après le nombre de têtes. Le texte, assez long, de cette décision, existe aux archives municipales du Deschaux. On y remarque que plusieurs ayants-droit, qui avaient été oubliés dans le partage, furent pourvus au moyen d'un prélèvement sur la part de la commune.

1789 à 1793

La fureur populaire avait détruit les châteaux, brûlé tout ce qui, matériellement, pouvait rappeler l'ancien régime ; après les décrets visant les nombreuses réformes indispensables, les événements allaient s'attaquer aux hommes eux-mêmes.

En ce qui concerne le Deschaux, le château ne fut pas inquiété. A Villers-Robert, le château des seigneurs de ce lieu (1), vieille forteresse située au milieu de la prairie, sur un monticule qui pouvait être isolé facilement au moyen des eaux qui l'entouraient, n'existait plus depuis longtemps. Il n'était éloigné de celui du Deschaux que de 3oo mètres environ, à vol d'oiseau. Son emplacement est encore qua-

(1) La seigneurie de Villers-Robert comprenait la forteresse de ce nom, Nevy, Seligney, Les Granges, Le Deschaux et une partie de Tassenières. Le seigneur avait la justice, etc. L'un des principaux revenus était le péage qu'il percevait sur la route de Dole à Lons-le-Saunier, notamment. Un terrier de la seigneurie, dressé le 28 octobre 1585, porte : « Le seigneur de V.-Robert a droit de péage » sur les passants étrangers menant denrées et marchandises par » led. V.-Robert sur les ponts, planches et levées, finages, territoire » et seigneurie dud. lieu, outre les ponts, les déchaux et les » granges, et par le grand chemin tirant de Rahon à Tassenières ; » les habitants de V.-Robert, Seligney et au dela des Ponts, les » Granges et les Déchaux doivent demi-péage ; si lesd. habitants ou » étrangers déchargent leurs denrées derrière lad. seigneurie, ils ne » doivent point de péage... »

L'ancien château (vieux château) fut détruit en 1479 par Naudet, capitaine de la garnison française de Bracon. Le château fut démantelé par les Français au mois de mars 1636. Les Français y trouvèrent quantité de blé, bétail et argent. Ils attaquèrent bien la Tour de Lioutre, mais on n'a pas la certitude qu'elle fut prise. L'ancien château de Villers-Robert est qualifié de place forte dans la donation que Marguerite de Vergy en fit le 19 mars 1357 au fils d'Alexandre de Nozeroy. (Rousset.)

Les droits seigneuriaux émanant de la haute justice étaient une forêt considérable, les fours et moulins banaux, la mesure d'avoine, les poules et corvées sur chaque sujet. Le moulin, construit vers 1550, appartenait à M. le marquis de Balay. (Marquiset.)

lifié actuellement de Vieux-Château. Des fouilles ont été pratiquées par le propriétaire actuel, M. Charles Laurent, du Deschaux, mais trop superficiellement pour qu'elles aient pu donner des résultats sérieux.

ABOLITION DES TITRES DE NOBLESSE ET AUTRES

L'Assemblée nationale avait aboli tous les titres, de quelque nature qu'ils fussent, par la résolution suivante, adoptée à une majorité considérable :

« La noblesse héréditaire est pour toujours abolie en
» France ; en conséquence, les titres de marquis, chevalier,
» écuyer, comte, vicomte, messire, prince, baron, vidame,
» noble, duc, et tous autres titres semblables ne pourront
» être pris par qui que ce soit ni donnés à personne ; aucun
» citoyen ne pourra porter que le vrai nom de sa famille ;
» personne ne pourra faire porter une livrée à ses domes-
» tiques, ni avoir des armoiries ; l'encens ne sera brûlé
» dans les temples que pour honorer la divinité, ni offert
» à qui que ce soit. Les titres de Monseigneur et Messei-
» gneurs ne seront donnés ni à aucun corps, ni à aucun
» individu, ainsi que les titres d'Excellence, d'Altesse,
» d'Eminence, de Grandeur. »

LES SEIGNEURS DU DESCHAUX RENONCENT A LEURS TITRES DE NOBLESSE

Le roi Louis XVI sanctionna ces dispositions avec un certain empressement, dit-on. Aussi de toute part, en 1793, la noblesse, qui ne nourrissait pas secrètement — et cela était très rare — l'intention de quitter la France et d'aller réclamer la protection de l'Etranger, s'empressa-t-elle de satisfaire aux prescriptions de l'Assemblée nationale. En ce qui concerne Le Deschaux, le ci-devant seigneur de Vaulchier renonça à tous les titres et droits tendant à l'ancien régime. Voici la copie de la pièce, tirée des archives du Deschaux, relatant cette formalité :

« Aujourd'hui 17 octobre 1793, second de la Répu-
» blique, une et indivisible, le citoyen Georges-Simon
» Vaulchier, cultivateur à Lioutre, municipalité du Dês-
» chaux, a remis au greffe de la susdite municipalité tous
» les papiers qu'il a déclaré avoir trouvés chez lui et qui
» tendent à la féodalité et à la noblesse, pour qu'ils soyent
» brulés en présence du Conseil général de la commune
» en conformité de la loi du ..... janvier dernier.
» Lesquels papiers ont été brulés en présence du Conseil
» général, au Dêschaux, les jour, mois et an que dessus.
» Signé : A. Curie. »

La particule et le titre de marquis étaient laissés au repos, et il faut qu'il s'écoule un certain temps avant de les voir réapparaître. Dans les archives communales, on trouve, dans une délibération du Conseil municipal du 18 décembre 1816, la reprise de ces titre et particule.

ARRESTATION DES SEIGNEURS DU DESCHAUX — PÉTITION DES HABITANTS EN LEUR FAVEUR — MISE EN LIBERTÉ

Nous sommes ici à l'époque la plus violente des évènements, la plus dangereuse pour les ennemis du peuple

et en particulier pour la noblesse ; les nobles étaient tous
suspects, et ceux qui voulaient échapper aux prescriptions
qui les visaient et à leurs suites souvent funestes pour leur
vie, devaient user de beaucoup de précautions et de pru-
dence. L'institution, par la Convention, des certificats de
civisme, poursuivait partout les royalistes et les suspects
de toutes nuances.

La Commission administrative du Jura avait délivré
à Georges-Simon Vaulchier le certificat dont libellé
suit :

« Nous, membres de la Commission administrative du
» Jura séant à Dole, certifions que le citoyen Georges-
» Simon Vaulchier, demeurant au Deschaux, n'est point
» compris sur la liste des émigrés du département du Jura,
» et que ses biens ne sont point en séquestre. Dole, 27 fri-
» maire de l'an second de la République. (Signature illi-
» sible.) (Archives municipales.) »

Un certificat semblable fut délivré à la citoyenne Louis-
Marie-Antoinette Terrier-Montciel, épouse du précédent (1). A quelque temps de là, les deux frères Georges-
Simon Vaulchier aîné, et cadet, dont l'un avait été nommé
distributeur aux armées en même temps que Claude-Antoine Cour, avaient été arrêtés et incarcérés à la prison de
Dijon, où ils étaient détenus. Les deux frères Vaulchier
adressèrent au Comité de sûreté générale et de surveillance
de la Convention nationale une pétition dans laquelle ils

(1) Antoine-Marie-René Terrier de Montciel, né à Montciel,
qui vécut de 1757 à 1831, fut ministre de l'intérieur en juin 1792 ;
l démissionna en juillet suivant, émigra, rentra en France en
1806 et devint en 1814 un des agents des Bourbons.

affirmaient leur attachement au peuple et aux nouvelles
institutions, et sollicitaient leur mise en liberté, invoquant
comme témoignage de ce qu'ils avançaient celui des habitants du Deschaux. Ces derniers, justifiant la confiance
que leurs anciens maîtres mettaient en eux, prirent la décision qui suit :

« Nous, maire, officiers municipaux, notables et habi-
» tans composant la commune du Deschaux, assemblés
» en la manière accoutumée , ayant vu et examiné la
» pétition des citoyens Vaulchier aîné et cadet, ensemble
» les pièces jointes, l'ordonnance de renvoye du citoyen
« Lejeune, représentant du peuple près le Jura, pour avoir
» son avis, estime que loin de trouver aucun inconvénient
» à accorder la liberté auxd. citoyens elle ne peut qu'op-
» péré le plus grand bien étant le vœu universel de toute
» la commune, fait au Deschaux le 21 germinal seconde
» année républicaine, une, indivisible et terrible aux
» tyrans, ceux sachant écrire soussignés, et les autres ont
» déclaré être illeterés. » (Arch. municipales.)

A la suite de cette pétition, la demande formée par les
deux détenus fut exaucée, ainsi qu'il résulte de la copie
d'élargissement rapportée ci-après littéralement :

« Convention nationale. — Comité de sûreté générale
» et de surveillance de la Convention nationale.

» Du 26 vendémiaire an 3 de la République. Vu les
» tableaux de surveillance de la commune du Deschaux,
» district de Dole, département du Jura, desquels il ré-
» sulte que le citoyen Georges Vaulchier lainé, et Georges-
» Simon Vaulchier cadet, nés dans la même commune
» ex-noble se sont dès 1788 montrés pour le parti du
» peuple contre celui des nobles et du clergé, qu'ils ont

» continué de manifester leur popularité, leur civisme et
» républicanisme, tant par leurs opinions que par leurs
» actions dans tout le cours de la Révolution; qu'ils n'ont
» été arrêtés qu'en conséquence d'une mesure de sureté
» générale prise par les représentants du peuple en mis-
» sion, etc.

» Vu en outre les autres attestations et réclamations des
» commune et autorités constituées en leur faveur.

» Le Conseil arette que les deux citoyens Georges-Simon
» Vaulchier ainé, et cadet, détenus à Dijon, seront mis sur
» le champ en liberté, les scellés séquestres levés s'il n'y a
» pas d'émigrés. (Signé) : Dumont, Reubelle, Bourdon,
» Clauset, Gounilleau et Colombel. » (Archives municipales du Deschaux.)

La mise en liberté eut lieu le 28 Vendémiaire de l'an
trois de la République, ainsi que le constate la décision
ci-rapportée :

» Les Représentants du peuple, envoyés dans le départe-
» ment du Jura. Vu la pétition des citoyens Georges-Simon
» Vaulchier ainé et cadet, et pièces jointes.

» Arrêtent que les sus-nommés frères seront remis en
» liberté de la maison de réclusion de Dijon où ils sont
» détenus.

» L'agent national de la commune de Dijon est chargé
» de l'exécution.

» Fait à Lons-le-Saunier le 28 Vendémiaire l'an trois
» de la République. (Signé) : A. Besson, Foucher du
» Cher.

Dans les premiers jours de Brumaire, an III, (octobre
1794), Lérifiot, gardien de la maison de détention dite « le

Château » à Dijon, rendait la liberté aux deux frères citoyens Vaulchier.

Je termine en ce qui concerne la famille des anciens seigneurs du Deschaux. Je dirai que l'ancien château du Deschaux appelé Tour de Lioutre a été transformé vers 1700, et agrandi depuis de vastes dépendances ; le parc actuel a été augmenté en étendue par suite d'échanges de terrains, notamment avec la commune du Deschaux du côté de l'Etang Bifricot et de l'Epenotte. Une partie soit 13 a. 39 du terrain formant le chemin appelé actuellement l'allée du Château fut acquise par M. de Vaulchier, de la commune, en 1818, moyennant 200 fr.

LE DESCHAUX ET VILLERS-ROBERT
RIVALITÉS ENTRE LES DEUX COMMUNES

Il semble que ces deux agglomérations auraient dû vivre ensemble et ne former qu'une seule commune ; en effet, il y eut entre elles, à bien des époques, communauté d'intérêts et d'institutions. Si l'on réfléchit, on remarque que le Deschaux, — dont un important groupement, Les Noues, faisait partie de Villers-Robert au XIVe siècle — ne se forma qu'en se détachant de Villers-Robert diminuée d'autant ; ensuite, mais beaucoup plus tard, Le Deschaux, tributaire de Villers-Robert au point de vue du culte et de l'enseignement, voulut encore s'affranchir de ces obligations d'aller à l'école, puis, plus tard, à l'église à Villers-Robert, en obtenant la création d'écoles et d'église ici comme on l'a déjà lu. Ces changements, qui ne se produisaient pas sans diminuer l'importance de Villers-Robert, irritaient les habitants de cette dernière commune ; aussi

voulurent-ils enrayer, après la création d'une école au
Deschaux, la marche toujours ascendante de ces innova-
tions, et résolurent-ils de frapper un grand coup. Par une
délibération longuement pesée et motivée, le conseil municipal de Villers-Robert, en mars 1821, demandait purement et simplement l'annexion du Deschaux à Villers-
Robert, avec siège de la mairie à Villers-Robert. La municipalité du Deschaux ne se défendit pas trop mal, ainsi
qu'on peut en juger par le texte de sa délibération du 23
mars 1821, en réponse à la proposition de la voisine, Villers-Robert. Voici la copie de cette décision puisée aux
archives municipales du Deschaux.

» L'an 1821, le 23 mars, M. le maire de la commune
» du Grand-Deschaux, d'après l'autorisation de M. le
» Sous-Préfet de l'arrondissement de Dole, consigné dans
» sa lettre du 17 courant a convoqué le Conseil municipal
» de la dite commune du Grand-Deschaux.

» A laquelle séance ont assisté MM. le marquis de Vaul-
» chier, Anatoile Curie, François Parfait-Brenot, Louis
» Poux, Claude-Antoine Cour, Claude-François Brenot,
» Pierre Poty, Jean-Claude Poty, Jean-François Roussey
» et Claude Vincent. Tous membres du Conseil.

» M. le maire a fait part au Conseil de la lettre a lui
» adresser par m. le Sous-Préfet plus haut relatée de l'ex-
» trait de la délibération du Conseil municipal de Villers-
» Robert y annexée.

» Surquoi le Conseil délibérant a été d'avis a l'une an-
» nimitée 1° que les revenus de la commune sont suffisants
» pour ses frais d'administration puisqu'ils dépassent
» presque toujours les dépenses portées au budget ce dont

9

» il est aisé de se convaincre 2° que l'organisation l'égale
» du Conseil est très facile dans une commune dont la po-
» pulation se porte en 807 âmes. 3° Que l'étendue de la
» commune et de son territoire nécessitent une surveil-
» lance qui ne permettra pas de diminuer le nombre des
» gardes champêtres, que la majeure partie des maisons
» ce trouvent situées sur la grande route de Dole à Lons-
» le-Saunier, ce qui facilite les communications entre ces
» deux villes.

» 4° Qu'elle possède sur la grande route une maison
» commune qui lui a coûté vingt-huit mille et quelques
» cents francs et dans laquelle indépendemment d'une
» belle sale réservée pour les séances du Conseil munici-
» pal sont encore logés le maître, la maîtresse d'école et
» le notaire résidant dans la commune, que cette sale a
» servie plusieurs fois aux réunions des différents conseils
» sois pour le tirage, sois pour la révision des jeunes gens
» appelés a faire partie de l'armée ; que cette maison se
» trouve si avantageusement placée qu'elle est aussi près
» de la commune de Villers-Robert que de la presque
» moitié des maisons de la commune du Deschaux.

» 5° Que souvent il a passé par la commune du Grand-
» Deschaux des convois de poudre qui nécessitent une
» garde prompte pour mettre ces convois à l'abri de toutes
» atteintes, ce qui exige par conséquence la présence d'un
» administrateur aux Deschaux. Délibérant ensuite sur la
» délibération prise par le Conseil municipal de la com-
» mune de Villers-Robert le 13 mars courant du Conseil
» municipal du Grand-Deschaux observe :

» 1° Que les motifs allégués par la commune de Villers-
» Robert pour être chef-lieu de la réunion sont insigni-

» fiant parceque si la rivière qui sépare les deux com-
» munes ait une obstacle qui veux empêcher les habitans
» de Villers-Robert de se rendre aux Deschaux elle n'est
» pas moins un obstacle pour les habitans de cette der-
» nière commune qui devrait se rendre à Villers-Robert.
» Que d'ailleurs cet obstacle est si peu concluant que ja-
» mais les habitans du Deschaux ne s'en son plaints quoi
» que depuis l'établissement de l'église ils sont malgré cet
» inconvénient toujours allés aux offices divins, que lors
» l'établissement de l'église pour lequel les habitans du
» Deschaux ont été compris et ont effectivement payés
» soixante-quatre pour cent du prix tandis que les deux
» autres communes de Seligney et de Villers-Robert n'on
» payés que trente-six pour cent pour les deux. Les habi-
» tans du Deschaux ny lors ni depuis n'ont fait la moindre
» objection.

» 2° Que malgré que le maire du Deschaux ait quelques
» fois fait publier des arrêtés ou autres objets d'adminis-
» tration sur le cimetière de Villers-Robert on ne peut
» rien induire de là parceque comme on viens de le dire,
» le terrain du cimetière comme l'église appartient à la
» commune du Deschaux pour 64 pour 100, et que c'est
» l'occasion de donner plus publicité a cause de la grande
» réunion des habitans de sa commune aux offices
» divins.

» 3° Personne n'a connaissance qu'il y ait eu réunion
» des conseils municipaux des communes de Seligney,
» Villers-Robert et le Deschaux à Villers-Robert, que
» seulement on se souvient que |l'orsqu'il y avait deux
» échevins par commune ils allaient quelquefois faire con-
» fectionner les rôles des contributions par le maître

» d'école qui était à Villers-Robert et qui était salarié par
» les trois communes dans la proportion ci-dessus.

» Que d'ailleurs il serait impossible que la commune
» de Villers-Robert puisse servir au réunion du Conseil
» municipal par son peu d'étendue et le mauvais état dans
» lequel elle se trouve qu'il faudrait encore si on la réta-
» blissait que la commune du Deschaux contribue dans les
» réparations pour 64 pour 100, ce qui serait une injus-
» tice parceque quelques réparations que l'on puisse faire
» à la maison commune de Villers-Robert on ne parvie:.-
» drait jamais a avoir une sale comme celle qui existe dans
» la maison commune du Deschaux et qui. n'a besoin
» d'aucune réparation.

» D'après tout ce qu'on vient de dire il est aisé de voir
» que la commune du Deschaux ne peux sous aucun rap-
» port par sa population, soit par l'étendue de son ter-
» ritoire soit par les avantages qu'elle offre soit enfin par
» la facilité de ses communications avec les chefs-lieu de
» département et d'arrondissement soit enfin en raison des
» quatre foires qui si tiennent annuellement être réunie
» pour l'administration à la commune de Villers-Robert.

» Que si par des raisons d'économie l'administration
» supérieure juge à propos de réunir sous l'administration
» du même maire les communes du Grand-Deschaux,
» Villers-Robert et Seligney, tous millites en faveur du
» Grand-Deschaux.

» Qu'au surplus, d'après tout ce qu'on vient d'expliquer
» on pense que le Deschaux doit faire une mairie séparée,
» le Conseil municipal de cette commune ne met aucun
» obstacle a ce que les communes de Seligney et Villers-
» Robert soient réunies, mais il persiste a rester séparée.

» Fait et délibéré séance tenante les an jour et mois sus-
» dits et ont tous les membres signé avec le maire ».

La demande de Villers-Robert fut rejetée, comme bien
l'on pense, et le Deschaux eut gain de cause. Villers-
Robert n'a pas gardé rancune. Sur un point commun, encore de nos jours les habitants fraternisent, puisque notre
société de Secours-Mutuels comprend les deux communes,
mais le Deschaux est le siège de la société.

Cependant, même tentative réussit avec Seligney qui
fut réunie à Villers-Robert le 20 octobre 1824 jusqu'en
1872, époque où Seligney, section de Villers-Robert, de-
manda et obtint son détachement et son érection en commune distincte.

Mais l'appétit vient en mangeant dit-on ; devant leur
succès dans la résistance à la demande de Villers-Robert,
nos édiles voulurent tenter à leur tour d'agrandir leur pays
en lui donnant de l'importance. En 1826, la commune du
Deschaux sollicitait le transfert de la gendarmerie de Tassenières au Deschaux, et en même temps demandait que
le Deschaux devînt chef-lieu de canton ; à cette époque le
chiffre des habitants était de près de 1000 habitants et augmentait continuellement ; et la demande avait des chances
d'aboutir. La commune obtint satisfaction, mais pour la
gendarmerie seulement. Chaussin demeurait chef lieu de
canton.

Depuis lors, et comme on l'a vu dans les premières
pages de ce travail, à partir du moment où Le Deschaux
fut pour ainsi dire isolée par suite du défaut de voies de
communication rapide, commença l'ère de la dépopulation.
On eut à constater le départ au canton de la plupart des

fonctionnaires ou institutions qui existaient il y a un demi-siècle, et aussi comme conséquence, et dans le même espace de temps, une diminution de 300 habitants dans notre commune. Cette constatation est regrettable à faire ; elle est cependant l'expression de la vérité ; elle me suggère les quelques lignes qui font l'objet de ma conclusion à cette monographie.

LES MAIRES DU DESCHAUX

Mais avant de relater cette conclusion, je vais donner ici les noms des fonctionnaires municipaux qui ont exercé la magistrature locale depuis la Révolution. On trouve comme maires : Poty François, des Granges, de 1790 à 1792 ; Aimey Pierre, de 1792 à l'an XI ; Poty Jean-Claude, de l'an XI à l'an XIII ; Poux Jean-Claude, de 1804 à 1817 ; Richard Jean, de 1817 à 1830 ; Fougère Jacques, de 1830 à 1831 ; Poty François, de 1831 à 1832 ; Maître Pierre, de 1832 à 1837 ; Cour Pierre, de 1837 à 1843 ; Poty Philibert, de 1843 à 1844 ; Maître Pierre, de 1844 à 1846 ; Cour Pierre, de 1846 à 1848 ; Gautron Pierre, de 1848 à 1858 ; Pigetvieux, de 1858 à septembre 1870 ; Cour Pierre-Joseph, de septembre 1870 à mars 1871 ; David Philibert, de mai à juin 1871 ; Pigetvieux, de juin 1871 à 1876 ; Piellard, de 1876 à 1884 ; Thiébaud Jean-François, de 1884 à 1888 ; Laurent Auguste, de 1888 à 1891 ; Roussot François, de 1891 à 1896 ; Prost-Magnin Ernest, en exercice depuis 1896.

CONCLUSION

La commune du Deschaux est assez bien située ; la résidence en est agréable ; les terres cultivables, sans être de première qualité, sont assez bonnes pour le cultivateur ; le voisinage de la rivière l'Orain ainsi que d'un nombre encore assez élevé d'étangs exploités pour le poisson, et des bois et boqueteaux nombreux, est très apprécié des amateurs de pêche et de chasse ; la vue se réjouit du beau panorama qu'elle découvre au levant, depuis les monts Poupet pour aller jusqu'aux Alpes et aux pyramides bien visibles du Mont-Blanc, en passant par les premiers plateaux de Poligny et d'Arbois. La grande route traverse le territoire de notre commune ; nous avons la poste, le télégraphe, le téléphone. Mais ces avantages relatifs ne suffisent pas à empêcher l'émigration lente, mais certaine. On a vu qu'avant 1700, la population totale des groupements du Deschaux ne dépassait guère 500 habitants ; à partir de l'achèvement de la route royale, le chiffre en augmenta rapidement ; un certain nombre d'habitants de Villers-Robert vint s'installer ici. En 1750 on comptait 600 âmes ; 40 ans après il y en avait 700 ; cette augmentation doit être attribuée en partie à l'attrait que les facilités de transport procurées par une belle route exerçaient sur ceux des habitants des pays voisins qui en étaient privés ; une belle route était alors pour eux ce que le voisinage d'une gare de chemin de fer est aujourd'hui pour nous. Aussi a-t-on vu la commune du Deschaux progresser continuellement au détriment des pays voisins, atteindre en 1800 le chiffre de 700 habitants, arriver en 1820 à 807, en 1856 au chiffre de 1130, pour diminuer ensuite après l'apparition des chemins de fer, descendre en 1880 à 1056 habitants, et enfin, arriver au chiffre qu'elle compte aujourd'hui, 856 habitants (dernier recensement). Les voies de chemins de fer, et de tramways, dont Le Deschaux est dépourvue procurent à d'autres centres ce que la création de la route nous avait amené jadis : la population. Au train dont vont les choses, si les circonstances qui pourraient se rencontrer d'un tracé de voie ferrée, tramway ou autre, dans le territoire du Deschaux, n'étaient pas mises à profit par ceux qui ont la charge des intérêts de cette commune, il est à présumer que dans un délai peu long, elle aura perdu la moitié de sa population. Espérons qu'il n'en sera rien, et que nos édiles, le cas échéant, faisant preuve de clairvoyance, sauront prendre quelque heureuse initiative et sacrifier un peu au présent pour prévoir l'Avenir.

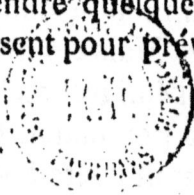

U. D.

Octobre 1910.

Fin

TABLE DES MATIÈRES

MATIÈRES

CONTENUES DANS CET OUVRAGE

TROISIÈME PARTIE

DOLE-DU-JURA. — IMPRIMERIE PAUL AUDERT.

www.ingramcontent.com/pod-product-compliance
Lightning Source LLC
Chambersburg PA
CBHW071806090426
42737CB00012B/1965